mtt   *more than training*

mtt-Werkstattreihe

Herausgegeben von **Prof. Dr. Bernd Fittkau**, Hamburg/Berlin und **Thomas Geus**, Neuried bei München

Perspektive »50 plus«

Ein Pilotprojekt
für »erfahrene« Führungskräfte
und Spezialisten

»Q3L«
Qualität im 3. Lebenszyklus

von

Bernd Fittkau
Thomas Geus
Dieter Hübl

Alle Rechte bei mtt consulting network GmbH
Klosterbogen 11
D-82061 Neuried
www.mtt.de

Vervielfältigung, auch auszugsweise,
nur mit Genehmigung von mtt consulting network GmbH

Umschlag, Satz, Layout: Thomas Geus
Umschlaggestaltung unter Verwendung eines Werkes von Peter Loew, München
mit freundlicher Genehmigung des Künstlers
Druck und Bindung: AktivDruck, Göttingen

© 2011 mtt consulting network GmbH, Neuried
Erste Auflage 2011

ISBN 978-3-9 808 090-6-1

Inhaltsverzeichnis

A. Vorworte zu „Q3L"   2

B. Lebenszyklusorientierte Personalentwicklung   10

C. Perspektivenorientierter Pilot-Workshop „Q3L"   25

1. Tag

1.1	Workshop-Eröffnung und Sensibilisierung	34
1.2	Persönliches Kennenlernen & Stärkenorientierte Feedbacks	44
1.3	Persönliches Heimatgebiet, Persönlichkeits-Potentiale & Entwicklungs-Herausforderungen	54
1.4	Eigen-Potential-Analyse (SPOT), Auswertung der Stärken-Feedbacks & Kollegiale Entwicklungs-Empfehlungen	67
1.5	Gespräche mit Überraschungs-Gästen und Tages-Feedback	74

2. Tag

2.1	Beziehungs- & Netzwerk-Entwicklung	76
2.2	Gesundheit & Fitness, Arbeitsbelastung & Stress	82
2.3	Neues berufliches Rollen-Muster erproben: Kollegiales Coaching	90

3. Tag

3.1	Sinnstiftende, persönliche Zukunfts-Impulse	101
3.2	Persönliche Entwicklungs-Projekte (PEP) & kollegiale Coach-Begleitung	114

4. Follow Up-Bilanz-Tag   126

Vorworte zu „Q3L"

„Demographischer Wandel" als aktuelle Unternehmens-Herausforderung

Das Thema „Demographischer Wandel" nimmt einen immer breiteren Raum in der öffentlichen Diskussion ein und ist auch in den Unternehmen angekommen. In den Personalfunktionen aller großen Unternehmen werden strategische Überlegungen angestellt, wie mit der Realität, dass immer weniger Kinder geboren werden und die Lebenserwartung und Fitness der Menschen immer weiter steigen und auf wirtschaftlichen Wachstum nur schwer verzichtet werden kann, umgegangen werden soll und welche Maßnahmen für eine gesunde Unternehmensentwicklung nützlich sind (Stichwort: Lebenszyklusorientierte PE). Zunehmend werden auch konkrete Pilot-Projekte erprobt. Wer sich einen Überblick über die vielfältigen Initiativen verschaffen will, wird über „Die Initiative für Neue Qualität in der Arbeit" (inqa.de) gut informiert.

Unser Pilot-Projekt „Q3L"

Unser Projekt ist ein solches Pilotprojekt, das wir in 2010 in einem großen deutschen Unternehmen erfolgreich erproben konnten und das wir in 2011 dort weiter entwickeln werden. Am Ende dieser ersten Pilotphase haben wir dieser Initiative den passenden Namen „Q3L" = „Qualität im 3. Lebenszyklus" gegeben.

In diesem Namen soll sich das Zielkonzept unseres Projektes widerspiegeln:

- Bewusstmachung und systematische Nutzung und Weiterentwicklung der spezifischen Qualitäten unserer Zielgruppe (Führungskräfte und Spezialisten der Altersgruppe „50+").
- Entwicklung einer neuen, ressourcen-aktivierenden mentalen Ausrichtung (mind set) für die Menschen im Unternehmen, die sich bisher an den gesellschaftlich favorisierten defizitorientierten Rollenbildern orientieren, sich mit „50+" langsam auf ihren Ausstieg

vorzubereiten. Insbesondere soll der größer werdenden Gruppe von Leistungsträgern ein Angebot gemacht werden, die sich neue berufliche Herausforderungen für ihren dritten Lebenszyklus wünschen. Die Erwartungen, die unsere Gesellschaft und insbesondere die Unternehmen an ihre Führungskräfte und Mitarbeiter stellen und die individuellen Annahmen und Bilder über die eigene Zukunft gestalten nämlich diese Zukunft maßgeblich mit.

- Obwohl wir selbst in unserem Projekt zunächst immer von der „3. Lebens*phase* gesprochen haben, schlagen wir deshalb vor, besser vom 3. Lebens*zyklus* zu sprechen. Während der Begriff der „Phase" (innerhalb nur eines Lebenszyklus) eine Fortsetzung ggf. gekoppelt mit Abbauprozessen der alten Muster nahe legt, fordert ein „Zyklus" eher zu einem qualitativen Neustart und einer Neugestaltung des eigenen Lebensentwurfes heraus.

Lebens-Zyklus statt -Phase

Während die ersten beiden Lebenszyklen relativ gut definiert erscheinen:

Erster Lebenszyklus (0-25 Jahre): Lernen der kulturellen und wissenschaftlichen Techniken, um selbständig leben zu können und in die gesellschaftliche Verantwortung für die nachfolgenden Generationen eintreten zu können.

Zweiter Lebenszyklus (25-50 Jahre): Umsetzung des erworbenen Wissens zur Bewältigung der aktuellen Probleme und Weiterentwicklung der beruflichen und gesellschaftlichen Praxis, sowie Übernahme entsprechender Verantwortlichkeiten.

Der *dritte Lebenszyklus (50-75 Jahre)* sollte proaktiv und innovativ – für Leistungsempfänger qualitativ herausfordernd und attraktiv - neu mit Leben gefüllt werden, weil er bisher in erster Linie als berufliche Auslaufphase reaktiv und defizitgeprägt war.

Diese Verschiebung der Bewusstseinsausrichtung soll kein psychologischer Taschenspielertrick sein nach dem Motto: Wenn wir nur fest dran glauben, können wir das Alter vergessen. Es geht vielmehr darum, der längeren

Lebensperspektive eine attraktive, eigenständige und selbstbestimmte Qualität zu geben.

Ob es sinnvoll sein könnte, auch schon die Perspektive eines *vierten Lebenszyklus* anzudenken, das wollen wir hier nicht vertiefen. Aber dieser müsste sich dann sicher mit einem würdigen Abschied von dieser Welt beschäftigen. Denn wir werden sterblich bleiben. Und es wird auch die „Reparaturanfälligkeit" unseres körperlichen Gefährts mit wachsendem Alter zunehmen, auch wenn „regelmäßige Inspektionen" und „gute Pflege" sich werterhaltend auswirken dürften.

Die lebenserfahrenen Leistungsträger für die Unternehmenszukunft gewinnen

Hier geht es zunächst um die Frage, wie es unseren Unternehmen gelingt, ihre produktiven Mitarbeiter dafür zu gewinnen, ihren 3. Lebenszyklus proaktiv unternehmensorientiert zu gestalten. Alle neueren Studien zeigen übereinstimmend, dass das Engagement der Mitarbeiter und deren Motivationsausrichtung in hohem Maße vom Verhalten der Führungskräfte abhängt. Deshalb dürfte unser führungsorientiertes Konzept chancenreich sein für einen konstruktiven Umgang mit den Auswirkungen des demographischen Wandels in Unternehmen.

Dem Globalisierungsdruck durch qualitatives Wachstum im Personalbereich begegnen

Den Kostendruck im globalisierten Wettbewerb durch Personalabbau und Performance-Management zu begegnen, liegt nahe. Die dadurch erzeugte Arbeitsverdichtungs-Dynamik führt schon bei Mitarbeitern im 2. Lebenszyklus zu gesteigerter Stresssymptomatik – Stichwort „ausgebrannt". Damit Mitarbeiter im 3. Lebenszyklus weiter produktiv für ihr Unternehmen arbeiten wollen, sollten die Unternehmen qualitativ neue Personal-Entwicklungs-Konzepte zum Talent- und Performance-Management mit höherer Arbeitsplatz-Flexibilität für diese Zielgruppe entwerfen. Diese Flexibilisierung dürfte auch den Bedürfnissen von Frauen (auch schon für ihren 2. Lebenszyklus) entsprechen.

HR-Angebote für den dritten Lebenszyklus

Unsere Erfahrungen zeigen, dass es nützlich sein dürfte, von Unternehmens- und HR-Seite, konkrete Angebote für „typspezifisch" unterschiedliche Qualitätsentwicklungen zu machen, damit ein solcher Rollenwandel schrittweise mit Leben gefüllt wird.

Wir haben mit folgenden Themen gute Erfahrungen gemacht: *„Nachhaltige mentale Fitness durch Work-Life-Balance", „Entspannte Durchsetzungsfähigkeit – wie geht das?", „Qualitätssteigerungen durch Netzwerk-Aktivierung und kollegiales Action Learning", „Wie gewinne und führe ich Mitarbeiter in ihrem 3. Lebenszyklus?", „Führungskräfte-Zusatz-Kompetenz: Coaching und Fachberatung".*

Vorbildfunktion der leitenden Führungskräfte

Dennoch lässt sich auch dieses Konzept nur verwirklichen, wenn sich die Unternehmensspitze glaubwürdig für einen solchen Rollenwandel einsetzt, in dem sie selbst als Vorbilder entsprechende Workshops besuchen. Dieses Pilot-Projekt ist nur deshalb zustande gekommen, weil eine höhere Führungskraft ihren Einfluss als Projekt-Sponsor geltend gemacht, andere wichtige Führungskräfte gewonnen hat und es in den Rahmen eines größeren Gesundheitsmanagement-Programmes gestellt war. Denn um an einer solchen Veranstaltung teilzunehmen, müssen alte Denkmuster überwunden werden: *„Wird es nicht als Zeichen von Schwäche ausgelegt, wenn ich mich zu einem solchen „50+"-Seminar anmelde?" „Definiere ich mich nicht selbst zum „alten Eisen", wenn ich da mitmache?"*

Um solche emotionalen Bedenken, die in Leistungssystemen nahe liegen, zu überwinden, bedarf es der Erlaubnis „von oben" und der kollegialen Solidarität und innerer Stärke, sich ebenfalls zu möglichen eigenen Schwächen zu bekennen. Unterstützend wirkte zudem, dass wir als Trainer schon seit Jahren Führungskräfte im Unternehmen trainiert hatten und einen Vertrauensvorschuss bei einer Reihe der Teilnehmer besaßen.

Tradition unserer mtt-Werkstattberichte: Praxisimpulse durch bewährte HR-Projekte

Mit dem vorliegenden Werkstattbericht knüpfen wir an unsere mtt-Tradition an, erfolgreiche Praxisprojekte zu dokumentieren, damit Führungskräfte und die Personal-Entwicklungs-Verantwortlichen einen Eindruck und Mut bekommen, ähnliches auch in ihrem Unternehmen zu realisieren. Mit diesem „Werkstatt"-Bericht kommen wir unseren ursprünglichen Überlegungen, einen deutlichen Praxisfokus zu setzen recht nah. Die anderen Werkstattberichte wurden noch stärker geprägt durch unsere konzeptionell-wissenschaftlichen Ansprüche. Hier kommen wir nach ein paar zitierten „Trendmeldungen" zur Perspektive 50+ gleich zu unserer eigenen Workshop-Praxis: Drei Tage Arbeit unserer Führungskräfte an ihrer individuellen Ausrichtung ihres dritten Lebenszyklus und ein Tag Follow Up-Bilanz dieser persönlichen Entwicklungs-Projekte. Wir hoffen, dass diese Dokumente einen hinreichend konkreten Eindruck vermitteln. Dabei beginnen wir jedes Kapitel mit einer kleinen, orientierenden „Lesehilfe". Diese Themen-„Überblicke" zu Beginn vermitteln – quer gelesen – einen guten Einblick in unser Projekt.

Wir laden Sie ein, einmal durch zu blättern und an der einen oder anderen Stelle hängen zu bleiben. Wir würden uns freuen, wenn wir Ihr Interesse wecken können, mit uns in einen Dialog zur weiteren Konkretisierung zu treten, z.B. welche Workshop-Schwerpunkte für Ihr Unternehmen besonders nützlich sein können. In diesem Sinne wünschen wir viel Spaß beim Reinschnuppern.

Die Reihe mtt-Werkstattberichte

Die Herausgeber der Reihe mtt-Werkstattberichte arbeiten seit über 30 Jahren mit maßgeschneiderten Lernarchitekturen zur Weiterentwicklung der Praxiskompetenzen der Teilnehmer. Wir möchten in dieser Reihe bewährte Lernprozesse vorstellen. Als Form wählen wir den „Werkstattbericht". Folgende Werkstattberichte liegen bisher vor:

- Kundenorientierte Teamentwicklung (2001)
- Das Mitarbeitergespräch (2004)
- Die weichen Faktoren der Führung – Teil I: Vertrauen und Kommunikation (2007).
- Coaching am Arbeitsplatz – Filialteams erzielen bessere Ergebnisse (2008)
- Die weichen Faktoren der Führung – Teil II: Team- und Eigenentwicklung (2009)
- Die weichen Faktoren der Führung – Teil III: Trainings-Module für Kommunikation und Führung (erscheint 2011)
- Perspektive „50 plus" – Ein Pilot-Projekt für „erfahrene" Führungskräfte und Spezialisten – „Q3L" Qualität im 3. Lebenszyklus (2011), vorliegender Band

Weitere Dokumentationen von uns gestalteter interessanter Lern- und Entwicklungs-Projekte in Organisationen liegen vor – aber (noch) nicht in druckreifer Version.

Die Herausgeber:

Prof. Dr. Bernd Fittkau	Thomas Geus
mtt consulting network GmbH	mtt consulting network GmbH
Hamburg / Berlin	Neuried bei München

Fit bleiben und das Unternehmen weiterhin fit mitgestalten
Ein Geleitwort von Dr. Dieter Hübl

Der demographische Wandel erscheint als größeres Thema regelmäßig in den Medien. Doch während dort eher die makroökonomischen Aspekte mit ihren komplexen Auswirkungen auf unsere Sozialsysteme im Vordergrund stehen, stellen die in die Jahre gekommenen Mitarbeiter am Arbeitsplatz ganz andere Fragen.

Im Site Management Office eines Großunternehmens und im Netzwerk von Sprecherausschuss und Betrieblichem Gesundheitsmanagement bekomme ich diese konkreten Fragestellungen hautnah mit. Sie lauten beispielsweise: „Muss ich wirklich bis 67 arbeiten?", „Was kann ich noch tun, wenn ich alle Karrierestufen erreicht habe und meine Kinder aus dem Haus sind?", „Möchte ich in meinem bisherigen Job so weiterarbeiten oder sollte ich noch einmal etwas ganz anderes anfangen?"

Andererseits sehe ich aus der Unternehmensperspektive, dass der Erfahrungsschatz der Mitarbeiterinnen und Mitarbeiter durch zu viele vorzeitige Abgänge nicht gedankenlos verschwendet werden darf. Dieser Abfluss von Wissen schwächt die Wettbewerbsposition und verursacht mehrstellige Millionenkosten. In einer derartigen Situation sind neuartige Orientierungskonzepte für Eigenentwicklung und Selbstmanagement gefragt. Sie helfen bei der eigenen Standortbestimmung, machen Potenziale bewusst und geben den Betreffenden die Chance, ihre Lebens-Prioritäten neu zu setzen.

Hier können Seminare wie Q3L von Bernd Fittkau und Thomas Geus wertvolle Hilfestellung leisten. Sie bieten einen Werkzeugkoffer zum Perspektivwechsel: Von den „Sechs Säulen der Identität" über „Netzwerk und Beziehungsanalyse" bis hin zum „Coaching Karussell" dienen sie unter dem Motto: „Stärken stärken und Schwächen schwächen" der Neuorientierung am Anfang des dritten Lebenszyklus.

Es lohnt sich, insgesamt vier Tage lang in einem Hotel mit Kollegen darüber nachzudenken: „Wo stehe ich?", „Was will und kann ich machen?" und „Wie kann ich mich neu orientieren?". Bisherige Teilnehmer berichten, wie gut es ihnen tut, zu erleben, dass es anderen im Unternehmen genauso geht wie Ihnen. Unter Anleitung lernen sie, sich gegenseitig zu unterstützen. Zum Abschluss nimmt jeder ein Paket mit seinen persönlichen Zielen mit nach Hause, um sich und das Unternehmen weiter voranzubringen. „Fit bleiben und das Unternehmen auch weiterhin fit mitgestalten", so lautet die Erfolg versprechende Formel. Unternehmen wie Mitarbeiter und Führungskräfte sind gut beraten, wenn sie beizeiten auch in dieser Hinsicht angemessene Vorsorge treffen. Dies ist dank weitsichtiger HR-Politik in meinem Unternehmen geschehen. Hier wird das Seminar nach der inzwischen abgeschlossenen Erprobungsphase ein Teil des Standardangebots für Führungskräfte sein und dem Bedarf entsprechend weiter ausgebaut.

An dieser Stelle möchte ich meinen Dank aussprechen: Nicht nur den Seminarleitern und Buchautoren, sondern auch den Teilnehmern, die ein doppeltes Wagnis eingegangen sind: Einerseits dem neuen Lebenszyklus offen zu begegnen und andererseits Piloten in diesem innovativen Seminarmodell zu sein. Das vorliegende Buch dokumentiert die Pionierarbeit im Seminar Perspektive 50plus/Q3L. Es wird seine Leser finden und den Entscheidern neue Möglichkeiten zum kreativen Umgang mit dem demographischen Wandel in ihren Unternehmen eröffnen. Die künftigen Teilnehmer möge es ermuntern, den Übergang in die dritte Lebensphase als aufregende und zugleich erfüllende Entwicklungschance zu begreifen.

Ihnen allen als Leser dieser Dokumentation wünsche ich eine anregende Lektüre.

Dieter Hübl

PS: Ihre Anregungen sind hochwillkommen. Mailen Sie einfach an dieter.huebl@yahoo.de

B. Lebenszyklusorientierte Personalentwicklung

Überblick:

Im folgenden Kapitel finden Sie einige von uns exemplarisch ausgewählte Beiträge zum *demographischen Wandel*, zu den Auswirkungen einer älter werdenden Bevölkerung auf den *Arbeitsmarkt* in Deutschland, sowie Forschungsergebnisse zum *„Lernen jenseits der 50"* und deren Folgen für eine lebenszyklusgerechte *Personalentwicklung*. Dabei zeigt sich, dass die Wissenschaft Mut macht für den Aufbruch in einen qualitativ spannenden beruflichen Lebenszyklus jenseits der 50: Wenn man die eigene *Beweglichkeit herausfordert und trainiert*, hat der „Rost" wenig Möglichkeiten, dem „älteren Eisen" zuzusetzen:

- Megatrend Alterung & Arbeitsrelevante Trends und Entwicklungen — S. 11
- 10 Thesen zur Zukunft — S. 12
- Erfahrungsschatz der Älteren — S. 13
- Alte sind genauso produktiv wie Junge — S. 14
- Jung und Alt gemeinsam! — S. 15
- Bildung und Lernen jenseits der 50 – Plastizität und Realität — S. 16 - 18
- Wachstum trotz Alterung — S. 19 - 22
- Und was kommt nach der PE? Oder: Lebensphasengerechte PE — S. 23
- Bin ich hier richtig? — S. 24

Pilot-Projekt - **Perspektive „50 plus"**

Megatrend Alterung

(aus: managerseminare, Heft 120, März 2008; Quelle u.a.: Zukunftsinstitut, Kelkheim, Statistisches Bundesamt, Wiesbaden)

Im Jahr **2000** war der durchschnittliche Deutsche **39,9 Jahre** alt. Die Lebenserwartung lag bei **79,8 Jahren**. Im Jahr **2030** werden die Menschen in Deutschland im Schnitt **90 Jahre** alt werden. Das Durchschnittsalter wird auf **54 Jahre** angestiegen sein. In den hiesigen Unternehmen liegt das Durchschnittsalter derzeit bei **43 Jahren**, 2030 soll es **53 Jahre** betragen. Auch das weltweite Durchschnittsalter steigt rasant: Von derzeit **27,2 Jahren** auf **37,3 Jahre** in **2050**.

Arbeitsrelevante Trends und Entwicklungen

(aus: Pro 50 - Arbeit mit Zukunft, PricewaterhouseCooper, August 2008)

- **Alterung der Gesellschaft und der Belegschaft in den Betrieben**
- **Sinkender Anteil von Nachwuchskräften**
- **Verlängerung der Lebensarbeitszeit**
- **Bedeutungszuwachs von Wissen und Kompetenz als Wettbewerbsfaktor**
- **steigender Bedarf an Fachkräften**
- **weitere Verdichtung von Arbeit**
- **zunehmende Komplexität**
- **steigende Veränderungsgeschwindigkeit und sinkende Halbwertzeit von Wissen**
- **zunehmende Teilhabe von Frauen am Erwerbsleben**
- **Berücksichtigung von mehreren Generationen auf dem Arbeitsmarkt und der damit verbundenen Vielfalt**

Pilot-Projekt - Perspektive „50 plus"

10 Thesen zur Zukunft
(aus: managerseminare, Heft 120, März 2008)

**Wie sieht die Wirtschafts- und Weiterbildungswelt von morgen aus?
Das prophezeihen Zukunftsforscher:**

- Typisch weibliche Fähigkeiten wie Team- und Dialogfähigkeiten, emotionale Intelligenz und Organisationstalent gelten als die Kernkompetenzen für Führungskräfte.
- Corporate Social Responsibility ist als Kriterium des Unternehmenserfolgs ebenso wichtig wie die Rendite.
- Zeitarbeitsverhältnisse bilden die Ausnahme. Stabile Beschäftigungsverhältnisse prägen die Arbeitswelt.
- *Die älteren Arbeitnehmer sind die Networker zwischen den Abteilungen und Impulsgeber im Unternehmen. Sie durchlaufen verschiedene Stationen in den Firmen, um ihr Wissen weiterzugeben und neue Wege zu gehen.*
- *Auf dem Weiterbildungsmarkt werden gezielt Trainer- und Coachausbildungen für ältere Mitarbeiter angeboten.*
- Die Rolle des Weiterbildners ist die des Moderators. Der Wissensvermittler ist nicht mehr gefragt.
- In den Unternehmen wird vor allem selbstgesteuert gelernt. Die Personalentwicklung gibt die Lernrichtungen vor und stellt den Mitarbeitern und Führungskräften Lernbudgets zur Verfügung.
- Der typische Seminarraum ähnelt einem Wohnzimmer mit Couchecke und Kamin.
- Der Managementcoach ist auch der Ernährungsberater seiner Klienten.
- Über die Gesundheit der Mitarbeiter wachen die Büroutensilien. Den Sauerstoffgehalt in der Luft messen zum Beispiel die Computer-Mäuse.

Pilot-Projekt - Perspektive „50 plus"

Erfahrungsschatz der Älteren
(aus: Die Geschichte der Zukunft: Erik Händeler, Brendow-Verlag, 2003)

„Die demographische Zeitbombe tickt nicht nur in den Sozialversicherungen, sondern vor allem in der Wirtschaft: **In mehr als der Hälfte der deutschen Betriebe gibt es schon jetzt keine Beschäftigten mehr, die über 50 Jahre alt sind.** Stellte das Institut für Arbeitsmarkt- und Berufsforschung fest. In der Altersgruppe der 55- bis 64-Jährigen stehen nur noch 43 Prozent der Männer und 15 Prozent der Frauen im Berufsleben - beim europäischen Spitzenreiter Schweiz sind es 77 und 50 Prozent. **Seit 2002 gibt es in Deutschland mehr Arbeitnehmer über 40 Jahre als solche, die jünger sind.** 1984 kamen noch eineinhalb Erwerbstätige unter 30 auf einen über 50. Heute ist das Verhältnis grob eins zu eins. Ab 2007 sinkt die Zahl der Auszubildenden, ab 2008 generell das Angebot an Arbeitskräften. Bereits im Jahr 2010 wird nur noch jeder fünfte Beschäftigte unter 30 Jahre alt sein. Während jeder dritte jenseits der 50 sein wird. Und im Jahr 2020 wird das Verhältnis bei 0,58 zu eins liegen.

Die Unternehmen klagen schon jetzt über Fachkräftemangel, schicken aber ihre 55-Jährigen in Frührente, anstatt ihre Hausaufgaben zu machen: Wie motiviert man ältere Mitarbeiter, die sich nicht mehr verbessern können? Wie hält man sie im Betrieb? Wie sorgt man für geringere Krankheitszeiten? Wie nutzt man ihr Wissen, wenn sie ausgeschieden sind? Und wie bringt man Altgediente dazu, in derselben Augenhöhe partnerschaftlich mit dynamisch-ehrgeizigen Anfängern zusammenzuarbeiten? In diesen Problemen schlummern Info-Produktivitätsreserven, die den Wettbewerb mit entscheiden.

Die Firma sollte nie aufhören, in jemanden zu investieren: Gerade in den Umstrukturierungen der 90er Jahre machte sich unter den über 55-Jährigen die Panik vor dem plötzlichen Absturz breit – **was die Unternehmen durch innere Kündigung, Burn-out und Angst zusätzlich schädigte. Wenn Ältere am Zenit ihrer Schaffenskraft frühpensioniert werden, gehen dem Unternehmen aber Wissen und wertvolle persönliche Beziehungen verloren.** Mit ihrer Erfahrung verhindern die „Senioren", dass Jüngere das Team in eine Sackgasse hineinmanövrieren. Außerdem haben Ältere schon häufiger Niederlagen einstecken müssen – sie können Rückschläge ihrer Abteilung, bei Kunden oder in der Entwicklung produktiver verarbeiten.

Anstatt also die Alten loswerden zu wollen, sollte man die Ursachen beseitigen, derentwegen lang gediente Mitarbeiter in den Ruhestand geschickt werden: deren Demotivation mangels Perspektiven, ihre gesundheitlichen Probleme, die zu teure Entlohnung nach Alter statt nach Leistung, ... Umgekehrt resignieren im Moment jene älteren Mitarbeiter, die sich in der beruflichen Sackgasse sehen: **Auf der Karriereleiter geht nichts mehr, neue Perspektiven fehlen. Menschen im mittleren Lebensalter werden nicht mehr gefördert – und das frustriert sie.** Die Älteren selbst sind aber nur dann bereit, sich weiter einzubringen, wenn es ihnen die Arbeit, die Firma oder die Kollegen wert sind: **Wer heute in Frührente gehen will, der sehnt sich danach, weil er seine Arbeitsbedingungen als so unbefriedigend empfindet. ... Ob ältere Mitarbeiter sich einbringen und an Bord bleiben, ob sie auf Status verzichten und ständig weiter dazulernen, das hängt vom Klima und vom Führungsverhalten ab.** Die frühere Unternehmenshierarchie kannte nur den Weg nach oben oder ins Rentnerdasein. Das ist in der Informationsgesellschaft anders. Karriere misst sich künftig zum Beispiel an der Frage, wie interessant eine Aufgabe ist. Die schönste Belohnung ist daher, mehr Verantwortung zu bekommen, ... **Wer eine Perspektive bekommt, ist motiviert. Junge und Alte ergänzen sich, und gutes Management weiß die Fähigkeit beider zu nutzen.**"

Pilot-Projekt - Perspektive „50 plus"

Quelle: FOCUS, 6/2010

MEDIZIN

Alte sind genauso produktiv wie Junge

Bildungsforscher Ulman Lindenberger wundert [sich], wie gut das Gehirn im Alter funktioniert, u[nd] plädiert für ein flexibles Renteneintrittsalter

Ulman Lindenberger
Psychologe, 49

- **Wissenschaftler**
Lindenberger ist Direktor am Max-Planck-Institut für Bildungsforschung in Berlin.
- **Auszeichnung**
Im März erhält Lindenberger den mit 2,5 Millionen Euro dotierten Leibniz-Preis 2010. FOCUS besuchte ihn an der Uni Stanford/USA, wo er mit seiner Familie ein Forschungsfreijahr verbringt.

endet das normale Altern, und dort beginnt die Krankheit. Natürlich können Sie immer ein diagnostisches Kriterium benutzen und einfach eine Grenze festlegen. Mediziner müssen das sogar tun, aus praktischen Gründen – einmal bezahlt die Kasse, das andere Mal nicht.

Was unterscheidet dann das Gehirn gesunder älterer Erwachsener von dem jüngerer?
Was die Aktivität des Gehirns angeht, besteht erstaunlicherweise kaum ein Unterschied. Dies konnten wir in einer aktuellen Studie für das Arbeitsge-

Schachspielen ist Gehirntraining. In Zukunft werden Ältere länger im Betrieb bleiben – nicht wegen der kollabierenden Sozialsysteme, sondern weil sie gebraucht werden

dächtnis zeigen. Bei Personen mit hohen Leistungen nahm die Hirnaktivierung mit steigender Aufgabenschwierigkeit zu – unabhängig vom Alter. Man kann sagen: Gesunde Ältere können denken wie jüngere. Aber wir müssen hier noch mehr erfahren. Unser Wissen über das alternde, vor allem das gesund alternde Gehirn steht am Anfang.

Sie plädieren für mehr Studien?
Große Verlaufsstudien mit Trainingsprogrammen wären enorm wichtig. Es geht darum, die Entwicklung vieler Menschen über ihr Leben hinweg zu erfassen und zu sehen, welche Veränderungen der Lebensführung langfristig positive Folgen haben. Mit seinen großen Forschungsorganisationen verfügt Deutschland hier über exzellente

bleiben. Muss die Gesellschaft darauf hinarbeiten, dass Ältere leistungsfähig bleiben?
Auf jeden Fall. Wir sollten uns darüber Gedanken machen, wie man die Produktivität im Alter erhalten kann und wie ältere Erwachsene stärker in Arbeit bleiben können und produktiv zur Gesellschaft beitragen können. Die Forschung kann hier wichtige Informationen bereitstellen. Allerdings wird die Diskussion des Themas Produktivität im Alter überlagert von einer Verteilungsdiskussion, das darf man auch als Psychologe nicht ignorieren. Ein späterer Eintritt in den Ruhestand wird als Rentenkürzung empfunden.

Gibt es wissenschaftliche Gründe dafür, die Menschen mit 65 oder 67 in Rente zu schicken?

Voraussetzungen. Wir hätten die Möglichkeit, altersbedingte Änderungen im Verhalten aus der Perspektive der Genetik, der Medizin, der Neurowissenschaften, der Psychologie, der Soziologie oder der Wirtschaftswissenschaften zu betrachten. Wir hätten die Chance, weltweit ganz vorn zu stehen.

Die Fragen sind von enormer Tragweite.
Dem Arbeitsmarkt stehen massive Umbrüche bevor. Es wird weniger Junge und mehr Alte geben, Fachkräfte werden knapp, sodass qualifizierte Mitarbeiter länger im Betrieb

Wir alle wissen, dass sich Menschen in ihrer Leistungsfähigkeit voneinander unterscheiden. Im Lauf des Lebens werden diese Unterschiede größer, bei manchen lassen die Leistungen stärker nach als bei anderen. Vor diesem Hintergrund ist jede fixe Altersgrenze willkürlich, die von 65 wie die von 67. Aber soll man deswegen den Renteneintritt ganz freigeben? Eine individualisierte Lösung birgt die Gefahr, dass der Einzelnen deutlich vor Augen geführt wird, bis zu welchem Alter man ihn noch für produktiv hält oder ...

... ihn zum alten Eisen zählt.
Man sollte hier zu vernünftigen Mischlösungen kommen. Die Akademiengruppe „Altern in Deutschland" hat etwa vorgeschlagen, den Fixpunkt eines Renteneintrittsalters beizubehalten und mit individuellen Lösungen zu kombinieren. Dazu würden das langsame Ausscheiden aus dem Erwerbsleben sowie die Erleichterung des Wiedereinstiegs gehören.

Was sind typische Stärken des Alters?
Sie liegen in der Lebenserfahrung, der Arbeitsorganisation und bei Teamprozessen. In vielen Berufen nimmt die Produktivität älterer Mitarbeiter nicht ab, sondern die Kurve ist völlig flach. Und auch die Mischung von Jüngeren und Älteren birgt ein großes Potenzial.

Das heißt, Alte sind genauso effektiv wie Junge?
Ja. Es gibt eine positive Beziehung zwischen Lebensalter und Erfahrung. Gleichzeitig gibt es eine negative Beziehung zwischen Lebensalter sowie der Mechanik unseres Geistes und unserer Sinne. Die beiden Beziehungen halten sich bis ins höhere Erwachsenenalter die Waage.

Wie ist es mit der Gründlichkeit?
Ältere Erwachsene neigen mehr dazu als jüngere, der Genauigkeit den Vorrang zu geben vor der Schnelligkeit, sogar mehr, als sie es eigentlich müssten. Sie schauen lieber noch einmal nach, ob alles stimmt, bevor sie sich für eine Lösung entscheiden. Jetzt fragen wir uns: Ist das eine Stilveränderung, eine generell größere Vorsichtigkeit, die mit dem Alter einhergeht, oder stehen Abbauprozesse dahinter? ■

INTERVIEW: WERNER SIEFER

Pilot-Projekt - **Perspektive „50 plus"**

Jung und Alt gemeinsam!

Neue Studien belegen, dass altersgemischte Teams ein Garant für Innovationen sind – allerdings nur, wenn das Klima stimmt

„Die Jüngeren rennen zwar schneller, aber die Älteren kennen die Abkürzungen", so brachte Ursula von der Leyen das Erfolgsrezept altersgemischter Teams auf den Punkt. Dieser optimistischen These wird aufgrund von Praxiserfahrungen widersprochen.

Eine Forschergruppe des Leibnitz-Instituts für Arbeitsforschung der TU Dortmund und der TU Dresden ging diesem Widerspruch nach und untersuchte 400 Mitarbeiter aus 66 Arbeitsgruppen einer Landesverwaltung in Nordrhein-Westfalen. Das Alter der Befragten lag zwischen 19 und 63 Jahren. Die Auswertung zeigt:

• Wo das *Klima gut* (gute Stimmung, vertrauensvolle Atmosphäre, hohe Aufgabenorientierung) ist, hat Altersheterogenität merklich positive Effekte: mehr Innovationen und Rückgang von Burnout-Symptomen. Gruppen dagegen, die sich aus Älteren und Jüngeren zusammensetzen und in denen das *Klima schlecht* ist, sind weniger innovativ und stärker burnout-gefährdet als altershomogene Gruppen.

• Fazit der Studienleiterinnen: „Das Herstellen eines guten Teamklimas ist daher eine zentrale Führungsaufgabe. Vorgesetzte sollten diesen Aspekt im Auge haben und die nötigen Rahmenbedingungen schaffen für Vertrauen und Sicherheit (z.B. durch „offene Türen", regelmäßige informelle Teamsitzungen, außerbetriebliche Aktivitäten)"

• Eine Studie aus dem Hightechbereich kommt zu ähnlichen Ergebnissen: Die Erfahrung der Älteren und die Innovationsfreude der Jüngeren zusammen bringt ein Mehr an Lösungen und bessere Qualität. Allerdings funktioniert es nur, wo die *Unternehmenkultur Austausch und Zusammenarbeit* auch gezielt fördert.

• Fazit des Studienleiters: „Eine wichtige Voraussetzung ist, dass die Führungsebene es versteht, die unterschiedlichen Beiträge zu integrieren und ein Wir-Gefühl aufzubauen. Innovation ist letztlich auch eine Frage des Geschicks im Management."

Ries, B. C. u.a. (2010): Altersheterogenität und Gruppeneffektivität – die moderierende Rolle des Teamklimas. Zeitschrift für Arbeitswissenschaft, 3, 2010, 137-146.
Kearney, E. (2010): Alter und Innovation – können Unternehmen trotz alternder Belegschaften innovative werden? Beitrag zum 47. Kongress der DGfPs, 26.-30.09.2010.

Pilot-Projekt - **Perspektive "50 plus"**

Bildung und Lernen jenseits der 50
Plastizität und Realität
(aus: Die Zukunft des Alterns: Die Antwort der Wissenschaft, Ein Report der Max-Planck-Gesellschaft, 2007)

"... Demographische Trendberechnungen hinsichtlich der Alterszusammensetzung der deutschen Bevölkerung im Jahre 2050 gehen von einem Anteil der über 60- Jährigen in Höhe von mindestens 40 Prozent aus. Die Menschen haben nicht nur an Lebenszeit gewonnen, sie können auch weitaus länger ihre Fitness bewahren und Morbidität vermeiden. Epidemologen und Demografen geben an, dass die gegenwärtigen 60-Jährigen biologisch etwa fünf Jahre jünger sind als die 60-Jährigen der vorherigen Generation... Unter dem Gesichtspunkt produktiven und erfolgreichen Alterns verstärken die beiden Makroprozesse (technologischer Wandel und Globalisierung der Ökonomie) die Anforderungen, die im Lebenszyklus an Selbstregulationsfähigkeit, Flexibilität und Verantwortung für die eigene körperliche und geistige Fitness gestellt werden.... Die Bewältigung der Herausforderungen einer alternden Gesellschaft wird unter anderem davon abhängen, inwieweit es gelingt, Mentalitätswandel und individuelle Verhaltensänderungen einerseits sowie Modernisierung der Erwerbsarbeit und des institutionalisierten Lebensverlaufs andererseits ineinander greifen zu lassen..."

Psychologische Voraussetzungen für Bildung und Lernen jenseits von 50 und deren Plastizität - Intellektuelle Leistungsfähigkeit: Das Können
Altersveränderungen in den intellektuellen Fähigkeiten und kognitiven Prozessen beruhen auf einem komplexen Zusammenspiel biologisch bedingter Einbußen und kulturell vermittelter Zugewinne. Das „Altern der Intelligenz" ist kein einheitlicher Prozess; Individuen und Fähigkeiten altern in sehr unterschiedlicher Weise. Neben Personen, die auch in hohem Alter noch sehr kreativ und einsichtsvoll sind, stehen solche, deren kognitive Funktionen mit dem Alter stark nachlassen. Gleiches gilt für unterschiedliche Fähigkeiten: Zum Beispiel lässt die Geschwindigkeit, mit der wir Wahrnehmungs- und Denkaufgaben durchführen, in der Regel mit dem Alter nach. Fähigkeiten hingegen, die auf Wissen und Lebenserfahrung aufbauen, zeigen Stabilität und können sogar unter bestimmten Bedingungen bis ins hohe Alter Zugewinne aufweisen. ...
Ein **„Zwei-Komponenten-Modell der Intelligenz"** trägt dem Doppelcharakter des kognitiven Alterns Rechnung. Das Modell stellt die biologisch bestimmte **„Mechanik"** der kulturell geprägten **„Pragmatik"** der Intelligenz gegenüber. Mit **Mechanik** bezeichnet man die neurophysiologische Architektur des Gehirns, wie sie sich primär durch evolutionäre Einflüsse entwickelt hat. ... Unser Gehirn verändert sich strukturell und funktionell in Abhängigkeit von den Kontexten, in denen wir leben, beziehungsweise in Abhängigkeit von den kognitiven Aufgaben, die sich im Alltag (Beruf, Privatleben) stellen. ... Die kognitive Pragmatik präsentiert den inhaltlich fundierten, kulturell geprägten Aspekt der Intelligenz. In ihr zeigt sich, was Kulturen an tradierten Wissenskörpern bereithalten und was das Individuum davon im Laufe der Sozialisation erworben hat. Beispiele hierfür sind sozial vermittelte Strategien und Fähigkeiten wie Lesen und Schreiben oder berufliche Fähigkeiten. ...
Die kognitive Mechanik und Pragmatik zeigen unterschiedliche Altersverläufe. Die Mechanik folgt in erster Linie den genetisch-biologischen Entwicklungsgesetzen, die Pragmatik orientiert sich stärker an den soziokulturellen Bedingungen. Aufgrund ihrer vornehmlich biologisch-genetischen Bestimmtheit und ihrer Abhängigkeit von Gesundheitsfaktoren ist bei der Mechanik ein Abbau oder Verlust mit fortschreitendem Alter zu beobachten. Hingegen kommt der **Pragmatik** die Wirkung **kulturell vermittelten Wissens** zum Ausdruck. Deswegen kennzeichnen hier Stabilität und unter bestimmten Bedingungen auch Zugewinne den Entwicklungsverlauf bis ins hohe Alter..."

Pilot-Projekt - **Perspektive „50 plus"**

... Bildung und Lernen jenseits der 50 (2) ...
Allerdings haben Befunde von mehr als drei Jahrzehnten Trainings- und Interventionsforschung auch gezeigt, dass gesunde ältere Erwachsene in der Lage sind, **ein breites Spektrum an kognitiven Fertigkeiten zu reaktivieren, zu trainieren und auch neu zu erlernen**. ... Es handelt sich dabei um Übungseffekte, die über Aneignung von Strategien und Erfahrungen mit einer Aufgabe, also über Veränderungen in der Pragmatik, erzielt werden und sich dann kompensatorisch positiv auf die Leistungen in der Mechanik auswirken. Eine Ausnahme von diesen Befunden bilden die Ergebnisse von **aeroben Fitnessinterventionen**. Durch dreimaliges Ausdauertraining in der Woche (ca. 40 Minuten) wurden die kognitiven Leistungen in verschiedenen Indikatoren der Mechanik der Intelligenz signifikant verbessert. ...
Neben der Mechanik der Intelligenz müssen wir aber auch die kognitive Pragmatik in Betracht ziehen, wenn wir ein vollständiges Bild des **intellektuellen Kompetenzprofils** im Alter gewinnen wollen. Es sind nämlich die sich bis ins höhere Lebensalter hinein entwickelnden **Wissenskörper** oder **Erfahrungsschätze**, die uns dazu verhelfen, die Abbauerscheinungen in der kognitiven Mechanik auszugleichen oder zu kompensieren. In der Untersuchung der Pragmatik des Geistes spielt das **Expertise-Paradigma** eine herausragende Rolle. Bei der Untersuchung beruflich erworbener Expertise hat sich gezeigt, dass mit zunehmender Erfahrung in einem Bereich Strategien erworben werden, mit denen es gelingt, etwa verlangsamte Reaktionszeiten oder verschlechterte Gedächtnisleistungen auszugleichen. ... Diese altersvergleichenden Untersuchungen von Experten machen deutlich, dass ältere Personen aufgrund von sehr viel und gut strukturiertem Wissen in einem Betrieb in ihren Leistungen durchaus mit jüngeren Erwachsenen vergleichbar bleiben. Allerdings haben diese Expertise-Untersuchungen auch gezeigt, dass ältere Experten jüngere nicht zu übertreffen scheinen. Für den Bereich des alltags-relevanten Problemlösens liegen gemischte Befunde vor. Hier kommt es sehr auf das Ausmaß der mechanischen Anteile an der jeweiligen Aufgabe an - ob etwa vorhergehende Erfahrung genutzt werden kann, oder ob es sich um eine neue kognitive Anforderung handelt. Ist letzteres der Fall, kommt es ab dem mittleren Erwachsenenalter zu Leistungsabbau ... Aufgaben des täglichen Lebens hingegen, die ein Leben lang ausgeübt wurden, zeigen im Bereich des normalen Alterns keine solchen Einbußen. Einen weiteren Bereich geistiger Leistungen bilden **Lebenserfahrung** und der **Umgang mit schwierigen Lebensproblemen**. In der höchsten Ausprägung spricht man hier von **Weisheit**. ... Allerdings ist mit zunehmendem Alter im Durchschnitt auch kein Fortschritt in den weisheitsbezogenen Leistungen festzu- stellen. Weitergehende Untersuchungen haben gezeigt, dass Alter alleine bei Erwachsenen nicht ausreicht, um weise zu werden. Darüber hinaus ist es etwa notwendig, dass die üblichen Abbauerscheinungen in der Mechanik schwächer ausgeprägt sind als im Durchschnitt und dass ein bestimmtes **Persönlichkeitsprofil** vorliegt, das etwa durch **Offenheit für neue Erfahrungen, Flexibilität, Kreativität** und **Interesse am eigenen Wachstum** charakterisiert ist. ...
Welche Konsequenzen haben diese Befunde für die gegenwärtige und zukünftige Gesellschaft und speziell für Bildung und Arbeit? Zwar verändert sich der Prozess des Lernens, doch steht die Lernfähigkeit bis ins hohe Alter außer Zweifel. Außerdem lässt sich aus den Studien zur Plastizität ableiten, **dass es darauf ankommt, durch Arbeitskontexte die kognitive Leistungsfähigkeit von Arbeitnehmern kontinuierlich herauszufordern und dadurch Abbauerscheinungen entgegenzuwirken. Zweitens ist es sinnvoll, die kognitiven Stärken des Alters, also Wissen und Erfahrungen, systematisch zu nutzen sowohl im Prozess des Lernens als auch am Arbeitsplatz.**

Pilot-Projekt - Perspektive „50 plus"

... Bildung und Lernen jenseits der 50 (3) ...
Funktionsfähigkeit im Bereich der Persönlichkeit: Das Fühlen und Wollen
Die kognitiven Voraussetzungen stellen jedoch nur einen Teil jener psychischen Vorbedingungen dar, die es beim Thema „Bildung und Lernen jenseits der 50" zu berücksichtigen gilt. Sowohl für die Arbeitsproduktivität als auch für die Gestaltung eines gelungenen Lebens sind die persönlichkeitsbezogenen Voraussetzungen nicht weniger zentral. Insbesondere sind hier zwei große Bereiche zu nennen:
Persönlichkeitsentwicklung auf der einen sowie **Motivations- und Emotionsentwicklung, Bewältigungsmechanismen** und **Bewertungsprozesse** auf der anderen Seite. ... Eine Vielzahl von nationalen und internationalen Studien belegt, dass die Funktionsfähigkeit und der insgesamt positive Funktionsstatus des Persönlichkeitssystems im Alter generell weniger oder gar nicht beeinträchtigt sind. Befindlichkeitsindikatoren wie das Selbstwertempfinden, das allgemeine Wohlbefinden, die Zufriedenheit mit dem eigenen Alter oder die Überzeugung, das eigene Leben direkt oder unmittelbar kontrollieren zu können, zeigen mit dem Alter Stabilität.
Betrachten wir ... die Mittelwertbildung der **„Big Five"** (**Neurotizismus, Extraversion, Offenheit, Umgänglichkeit, Zuverlässigkeit**), so zeigt sich zunächst eine Abnahme des Neurotizismus gepaart mit einer Zunahme der Zuverlässigkeit und Umgänglichkeit. Dieses Veränderungsmuster wurde jüngst als zunehmende **soziale Adaptivität** oder auch **soziale Reife** interpretiert. Mit zunehmendem Alter werden wir (im Durchschnitt) besser geeignet für das **soziale Miteinander**. Diese Stärke ist sicher auch für das Arbeitsleben nicht hoch genug einzuschätzen. Gleichzeitig nimmt allerdings die Offenheit für neue Erfahrungen ab, diese Entwicklung ist – wie bereits erwähnt – im Zusammenhang mit einem fehlenden Zuwachs an Lebens- und Selbsteinsicht zu sehen. ...
Altersvergleichende Untersuchungen haben gezeigt, dass die psychische Energie in ihrer Gesamtheit – die Anstrengung, die wir in Form von Gedanken und Handlungen in bestimmte Lebensbereiche investieren – mit dem Alter kaum abnimmt. Sehr wohl hingegen verändern sich die Inhalte, in die wir diese Energie investieren, im Verlauf der Lebensspanne. Dies weist wiederum auf die Anpassungsfähigkeit des Selbst hin. Spielen im jungen Erwachsenenalter Freunde und Beruf die wichtigste Rolle, so nehmen im frühen mittleren Alter (35 bis 55 Jahre) die Familie und der Beruf die erste Stelle ein. **Allerdings schwindet schon ab dem 55. Lebensjahr das Investment in den Beruf von den vorderen vier Rangplätzen**. Dabei stellt sich die Frage, ob diese Energieverteilung nicht zumindest teilweise auch mit der seit den 1970er Jahren in Deutschland betriebenen Frühverrentungspolitik in Zusammenhang steht. Schließlich fließt im höheren Alter der Löwenanteil des Investments in die Familie und Gesundheit. Betrachten wir den **Emotionshaushalt**, so zeigt sich auch dort, dass die negativen Emotionen mit zunehmendem Alter nicht etwa zunehmen, sondern gleich bleiben und in manchen Studien sogar zurückgehen. Neuere Untersuchungen geben zudem erste Hinweise auf eine Wahrnehmungs- und Verarbeitungspräferenz für positive Emotionen mit zunehmendem Alter. ...
Die **Bewältigungsstile** scheinen sich weniger mit dem Alter als mit der Art der schwierigen Situation zu verändern, mit denen man im Verlauf des Lebens konfrontiert wird. Fest steht, dass ältere Menschen keineswegs mehr sogenannte regressive Bewältigungsformen (z.B. „Ich fühle mich überfordert und wünsche mir jemanden, der die Verantwortung übernimmt.") zeigen als jüngere. ...
**Insgesamt bietet die Funktionsfähigkeit von Selbst und Persönlichkeit ein ermutigendes Bild. Die Anpassungsfähigkeit ist groß, Hindernisse im Bereich Motivation sind beeinflussbar, mit anderen Worten, auch die alternde Persönlichkeit kann nicht zur dauerhaften Rechtfertigung niedriger Teilnehmerquoten Älterer an Weiterbildungsaktivitäten herangezogen werden ..."

Pilot-Projekt - **Perspektive „50 plus"**

WACHSTUM TROTZ ALTERUNG (1)
(aus WELT AM SONNTAG, NR. 35, 29.August 2010)

Der demografische Wandel wird einen dramatischen Einfluss darauf haben, wie wir in Zukunft arbeiten, wie wir bezahlt werden und wie wir Karriere machen, schreibt der Magdeburger Ökonomieprofessor Karl-Heinz Paqué in seinem neuen Buch. ... Die Bevölkerung altert. Dies ist eine der wenigen großen Entwicklungen der Gesellschaft, die sich für die kommenden Jahrzehnte bestens voraussagen lassen. Die Gründe dafür liegen auf der Hand, jedenfalls die zwei wichtigsten. Zum einen steigt die Lebenserwartung - wegen besserer medizinischer Versorgung, besserer Umweltbedingungen, zum Teil auch gesünderer Lebensführung. Zum anderen ist die Zahl der Geburten drastisch zurückgegangen - dank steigenden Wohlstands und veränderter Prioritäten von Frauen und Familien. Die Alterung in den Industrieländern entfaltet bis Mitte des 21. Jahrhunderts eine Dynamik, die durch keinerlei korrigierende Maßnahmen mehr rückgängig zu machen ist. Dies liegt vor allem an einer einfachen Tatsache: Die "Babyboom-Generation", die stärkste Bevölkerungskohorte überhaupt, also all jene Menschen, die zwischen 1950 und 1970 geboren sind, nähert sich dem letzten Lebensabschnitt. Da sie die Statistik eindeutig dominiert, ist erst mit einem Auslaufen der Alterung zu rechnen, wenn ein Großteil der Babyboomer aus dem Leben geschieden ist. Dies dürfte ab 2050 der Fall sein. ... Eine Alterung der Gesellschaft aber sorgt bei festem Eintritt ins Rentenalter für eine längere Bezugsdauer und damit für höhere Kosten, die von einer abnehmenden Zahl von Beschäftigten getragen werden müssen. Tatsächlich hat die Bezugsdauer inzwischen Größenordnungen erreicht, mit denen wohl kaum jemand bei Schaffung der Rentensysteme gerechnet hatte. So erhielten in den Jahren 2002 bis 2007 in den OECD-Ländern die Rentner ihre Bezüge bei Männern knapp unter und bei Frauen knapp über 20 Jahre lang. Dabei ist bei konstantem Alter des Renteneintritts noch mit einem weiteren Anstieg der Bezugsdauer zu rechnen, weil die Lebenserwartung weiter ansteigen wird, wenn auch möglicherweise mit etwas gebremstem Tempo. Die Rentenversicherungen werden also im Trend zunehmende Schwierigkeiten der Finanzierung bekommen. Diese Probleme lassen sich nur auf zwei ganz unterschiedlichen Wegen angehen: Entweder das Verhältnis von Renten- und Beitragshöhe wird reduziert (durch Erhöhung der Beiträge, Senkung der Renten oder beides); oder das Eintrittsalter in die Rente wird erhöht, also die Lebensarbeitszeit verlängert. Die beiden Wege sind in ihrer Grundphilosophie sehr unterschiedlich: Der erste Weg verändert die Belastung bei gegebener volkswirtschaftlicher Produktionsleistung, der zweite Weg erhöht die Produktionsleistung bei gegebener Belastung. Der erste ist somit rein fiskalisch, der zweite wachstumsorientiert. Beide können natürlich kombiniert werden, aber das ändert nichts daran, dass sie sich im Grundansatz voneinander unterscheiden. Rein rechnerisch hat der zweite Weg einen naheliegenden Vorzug. Er sorgt für eine Art "doppelte Dividende", denn derjenige, der durch den späteren Renteneintritt vom potenziellen Rentner zum Erwerbstätigen wird, mutiert dadurch vom Leistungsempfänger zum Beitragszahler. Schon eine Erhöhung des Rentenalters um fünf Jahre könnte recht deutliche stabilisierende Wirkungen haben: Die derzeitige Bezugsdauer von etwa 20 Jahren würde um etwa ein Viertel fallen, die derzeitige Erwerbstätigkeit (rund 40 Jahre) um etwa ein Achtel steigen. Ergebnis: eine Senkung der Relation von Renten und Erwerbseinkommen um ein Drittel. Auch unter Gesichtspunkten der Fairness erscheint ein solcher Schritt absolut vertretbar: Der Gesellschaftsvertrag, der den heutigen Rentensystemen implizit zugrunde liegt, stammt aus einer Zeit viel kürzerer Lebensdauer der Menschen und damit einem deutlich geringeren Erwartungswert von Rente relativ zum Erwerbseinkommen über das gesamte Leben gerechnet. Kaum ein vernünftiger Beobachter kann all dies bestreiten. Und es gibt eigentlich auch keinen Grund, warum diese Einsicht nicht mehrheitsfähig sein sollte.

Pilot-Projekt - **Perspektive „50 plus"**

WACHSTUM TROTZ ALTERUNG (2)
(aus WELT AM SONNTAG, NR. 35, 29.August 2010)

Nur wenn wir unterstellen, dass die starke künftige Rentnergeneration - die vielen Babyboomer - ihren Generationsegoismus überaus hart durchsetzen und mit ihrer politischen Macht die jüngere Generation auspressen wollen, wäre eine vernünftige Lösung undenkbar. Dafür gibt es aber nicht den geringsten demoskopischen Hinweis. ... Die eigentlichen Fragen einer Verlängerung der Lebensarbeitszeit sind weniger politische als biologische, soziale und wirtschaftliche. **Können wir überhaupt unterstellen, dass die zur Arbeit mobilisierten Rentner die nötige Produktivität am Arbeitsplatz erreichen? Werden ältere Menschen von der Wirtschaft noch gebraucht und nachgefragt? Welcher betriebliche und soziale Wandel ist erforderlich, um sie einzugliedern? Kurzum: Was können ältere Menschen überhaupt noch leisten?**

Niemand kann dies im Einzelnen heute schon wissen, aber es gibt wissenschaftliche Ansatzpunkte, darüber nachzudenken. Startpunkt ist dabei die sogenannte **Altersproduktivitätskurve**. Sie beschreibt den Zusammenhang zwischen dem Alter eines Beschäftigten und der Produktivität, die er (oder sie) am Arbeitsplatz erzielt. Es gibt inzwischen eine Fülle von Studien über diesen Zusammenhang, und die Ergebnisse deuten auf eine Art "Buckelform" hin: Nach dem Eintritt ins Berufsleben steigt die Produktivität zunächst mit dem Alter an, erreicht dann im Alter zwischen 30 und 50 Jahren ihren Höhepunkt und nimmt dann bis zum Beginn des Ruhestands ab. Dieses Bild ist dabei überaus robust. Es zeigt sich in einer Vielzahl von Berufen und Branchen, also nicht nur in jenen Tätigkeiten, bei denen die im Alter abnehmende physische Körperkraft eine entscheidende Rolle spielt. ... Auch über die Gründe für diesen Befund gibt es wissenschaftlich gestützte Erkenntnisse. In körperlich anstrengenden Berufen spielt offenbar das Nachlassen der Muskelkraft sowie der physischen Belastbarkeit eine zentrale Rolle. Allerdings verliert dies im volkswirtschaftlichen Trend an Bedeutung, weil durch technischen Fortschritt und Strukturwandel der Anteil der rein körperlichen Tätigkeiten abgenommen hat und wahrscheinlich noch weiter abnehmen wird.

Im breiten Spektrum der "Kopfarbeit", die im Wirtschaftswachstum an Bedeutung gewinnt, geht es dagegen vor allem um die kognitiven Fähigkeiten. Sie sind nach aller Erkenntnis von überragender Bedeutung für die Leistungsfähigkeit am Arbeitsplatz. Dabei wird zwischen zwei Arten unterschieden, die mit zunehmendem Alter unterschiedlich entwickelt werden. "**Fluide**" **kognitive Fähigkeiten** - schnelle Auffassungsgabe, originelle Problemlösung, lernbereite Flexibilität - nehmen mit dem Alter ab; "**kristalline**" **Fähigkeiten** - sprachliche Gewandtheit, Blick fürs Wesentliche, Breite des Wissens - nehmen zu oder bleiben zumindest konstant. **Soweit nun eine Abnahme der Arbeitsproduktivität mit dem Alter festzustellen ist, lässt sie sich weitgehend auf den Rückgang der fluiden Fähigkeiten zurückführen.**

Auf den ersten Blick legt dies den Schluss nahe, dass das Wachstumspotenzial einer alternden Gesellschaft pessimistisch zu beurteilen ist. Dies gilt bei steigendem Anteil Älterer für die Gesellschaft insgesamt, aber es gilt insbesondere dann, wenn zur Entlastung der Rentenkassen mehr Ältere länger im Erwerbsleben verbleiben. **Der zentrale Grund ist die Abnahme fluider Kompetenzen, die für die Innovations-kraft einer Gesellschaft von entscheidender Bedeutung sind.** Dies ist tatsächlich auch die derzeitig übliche Schlussfolgerung, und zwar sowohl in der breiten Öffentlichkeit als auch in weiten Bereichen der Wissenschaft. Aus einer breiteren ökonomischen Perspektive ist das Bild keineswegs so klar. Denn die historische Erfahrung lehrt, dass private Unternehmen, wenn es denn sein muss, eine beträchtliche Fähigkeit entwickeln, mit veränderten Knappheiten bestmöglich umzugehen. Den Anstoß dazu gibt die Alterung der Gesellschaft selbst. Sie sorgt dafür, dass junge Fachkräfte mit den benötigten fluiden kognitiven Fähigkeiten am Arbeitsmarkt sehr gesucht und teuer werden.

Pilot-Projekt - **Perspektive „50 plus"**

WACHSTUM TROTZ ALTERUNG (3)
(aus WELT AM SONNTAG, NR. 35, 29.August 2010)

Die Lohnstruktur wird sich deshalb verändern, und zwar zunächst eindeutig zugunsten der Jüngeren und zulasten der Älteren. Genau dies ist in Deutschland bereits für die nächsten Jahre zu erwarten, wenn es zunehmend schwieriger wird, junge Auszubildende überhaupt am Markt zu finden. Und dies setzt dann eine lange Kette von Reaktionen in Bewegung, die im Ergebnis gerade die Produktivität der Älteren - und aller zusammen - deutlich erhöht. Der Prozess könnte dabei wie folgt aussehen.

Der hohe Marktlohn junger Fachkräfte sorgt dafür, dass Unternehmen alles tun, um diese Kräfte bestens zu motivieren und einzusetzen (und nicht zu verlieren). Eine neue Welle der Optimierung betrieblicher Strukturen wird die Folge sein. Junge Fachkräfte werden nur mehr dort eingesetzt, wo tatsächlich ihre Fähigkeiten besonders stark zur Geltung kommen. Dies ist gerade der Bereich der fluiden Kompetenz: Überall, wo Innovationskraft, Lernfähigkeit und Flexibilität in besonders hohem Maße gefordert sind, wird die (relativ kleine) Zahl junger Menschen das Feld beherrschen. Alle anderen Aufgaben erledigen die Älteren.

Wie diese Arbeitsteilung in einer konkreten betrieblichen Organisation aussehen wird, ist heute weitgehend Spekulation. Sie kann bedeuten, dass **Ältere und Jüngere** durchaus eng zusammenarbeiten, aber stets in Teams, in denen die Aufgaben so verteilt sind, dass sich fluide und kristalline Fähigkeiten optimal ergänzen. Vorstellbar ist aber auch, dass sich die betriebliche Organisation stärker nach Aufgabenbereichen zerlegt, in denen Jüngere und Ältere unter sich bleiben. Sie kann auch zwischen Branchen mit unterschiedlichen Techniken und Produkten oder sogar zwischen Unternehmen mit eigenen Philosophien unterschiedlich ausfallen. Jedenfalls wird das Ergebnis sein, dass viel mehr Reserven an Produktivität mobilisiert werden, als es ohne die extreme Knappheit junger Fachkräfte ökonomisch nötig gewesen wäre. **Wie stets wird die schiere Not die Suche nach neuen Lösungen beflügeln und die betriebliche Fantasie anregen.**

Eine solche neue Arbeitsteilung hat weitreichende Folgen. **Sie wird zunächst bedeuten, dass für kristalline Aufgaben junge Fachkräfte praktisch nicht mehr zur Verfügung stehen. Die Unternehmen werden versuchen, den Übergang talentierter junger Menschen vom fluiden zum kristallinen Bereich möglichst lange hinauszuzögern - und zwar vor allem dadurch, dass neue Aufstiegsmöglichkeiten und Chancen der Weiterbildung im fluiden Bereich geschaffen werden. Die traditionelle Hierarchie der Seniorität - der Aufstieg vom Fluiden zum Kristallinen als Beförderung mit erweitertem Verantwortungsbereich und höherer Bezahlung - wird ins Wanken geraten. Führungsaufgaben werden völlig neu definiert und geteilt**, möglicherweise im Sinne einer mehr horizontalen Organisation, in der ein begabter Techniker sich sehr lange dem Zugriff kristalliner Vorgesetzter entziehen kann. Damit nicht genug.

Sind die teuren begabten Jungen im fluiden Bereich gebunden, ergibt sich eine verstärkte Nachfrage nach den - relativ preiswerten - älteren Arbeitskräften. Allein die Aussicht auf eine längere Lebensarbeitszeit erhöht den Anreiz für jedes Unternehmen, in die Fähigkeiten auch der älteren Arbeitskräfte mehr zu investieren. Wird zum Beispiel das siebte Lebensjahrzehnt zum selbstverständlichen Teil der Arbeitsplanung, dann steigt die Rentabilität von Ausbildungsprogrammen im sechsten Lebensjahrzehnt massiv an, und zwar für Unternehmen genauso wie für die Beschäftigten selbst. Damit wiederum werden sich im Ausbildungsbereich völlig neue Angebote für Ältere entwickeln: Nicht mehr der Konsum von Wissen wie beim Seniorenstudium wird im Vordergrund stehen, sondern der Erwerb von Fähigkeiten. (...)

Pilot-Projekt - **Perspektive „50 plus"**

WACHSTUM TROTZ ALTERUNG (4)
(aus WELT AM SONNTAG, NR. 35, 29.August 2010)

Kurzum: Das statische Bild einer unabänderlichen Lücke der Produktivität zwischen Jung und Alt greift zu kurz. Es spricht vieles dafür, dass die Knappheit an fluiden Fähigkeiten einen umfassenden und tief greifenden Wandel der betrieblichen Strukturen nach sich zieht. Der Prozess könnte Ähnlichkeiten haben mit jenem Schub an vertikaler Mobilität, den die Knappheit an Arbeitskräften in den 60er-Jahren in Deutschland (und in Westeuropa insgesamt) auslöste. Damals sorgte der demografische Wandel für eine extreme Knappheit an qualifizierten Fachkräften insgesamt. Die Folge war keineswegs eine Stagnation des Wachstums der Produktivität, sondern fast das genaue Gegenteil: Die Unternehmen in Deutschland investierten in die Qualifikation ihrer Arbeitskräfte, übertrugen ihnen größere Verantwortung und besetzten die verwaisten Stellen für einfache Arbeit mit Zuwanderern aus Südeuropa. Auch praktisch ohne aktive Arbeitsmarktpolitik des Staates kam es zu einer kraftvollen Eigendynamik der beruflichen Ausbildung, und zwar allein auf innerbetrieblicher Ebene.

Wichtig ist allerdings: Der betriebliche Strukturwandel muss von den Tarifvertragsparteien zugelassen, besser noch aktiv unterstützt werden. Dies heißt vor allem: Das traditionelle Muster der Lohnstruktur muss sich wahrscheinlich stark verändern. Der Wandel hat viele Dimensionen, aber die alles dominierende ist die Veränderung der relativen Preise zwischen fluiden und kristallinen Fähigkeiten. Zu vermuten ist dass sich dies zugunsten der Jungen, der Frauen und überhaupt der intelligenten Newcomer auswirkt - und zulasten der Älteren, der Männer und der "Altsassen". Genau deren Interessen sind aber typischerweise in den mächtigen Lobbyorganisationen des Arbeitsmarkts überrepräsentiert, und zwar bei Arbeitgeberverbände wie Gewerkschaften.

Auch die Politik kann diesen Strukturwandel nachhaltig befördern. So sollte sie keinesfalls Regeln schaffen oder zementieren, die der flexiblen Anpassung betrieblicher Strukturen der Gehälter und der Verantwortung entgegenwirken. Dies gilt für den Kündigungsschutz genauso wie für den gesetzlichen Rahmen der Tarifverträge und die betriebliche Mitbestimmung. Auch die Arbeitsmarktpolitik kann helfen Sie sollte verstärkt versuchen, die Mobilisierung älterer Menschen zu erleichtern. Dazu gibt es eine breite Palette von Möglichkeiten - vom Unterstützen der Weiterbildung auf betrieblicher Ebene bis zu Programmen der Gesundheitsförderung. Auch die Einwanderungspolitik sollte die neuen Knappheiten im Auge behalten. Das heißt konkret: Zuwanderung vor allem von Menschen, die einen Beitrag zum Angebot an fluiden kognitiven Fähigkeiten liefern, also: junge, gut ausgebildete Fachkräfte.

Aus alledem wird deutlich: Es ist gerade nicht eine Politik des Verzichts auf Wachstum, die hilft, die Herausforderungen der Alterung der Gesellschaft zu meistern. Wir brauchen vielmehr die Mobilisierung der kreativen und produktiven Kräfte, um das Rentensystem fair und finanzierbar zu machen. Nur insofern, wie dies nicht gelingt, bleibt für alle der Weg des Verzichts auf Wohlstand, sei es für die Jüngeren durch höhere Beiträge, sei es für die Älteren durch niedrigere Renten. Gerade der Erhalt und der Ausbau der volkswirtschaftlichen Leistungs-fähigkeit - und nur er - erlaubt es, auch bei alternder Bevölkerung soziale Ziele ohne unnötigen Verzichtzu verwirklichen.

Natürlich wird es immer einen Bereich von Berufen geben, bei dem die physische Körperkraft und deren Verschleiß auf Dauer von großer Bedeutung sind. Dies gilt ganz offensichtlich für das Bauhandwerk. Auch dort wird es zwar einige Möglichkeiten der internen Anpassung geben - vom Außen- in den Innendienst, vom Baustellen- zum Bürojob. Aber diese sind von der Natur der Sache her begrenzt. In diesen Branchen wird es nötig sein, über irgendeine Form von Solidargemeinschaft den Rentenanspruch mitzufinanzieren. Aber genau das wird umso eher möglich sein, je mehr Mobilisierung älterer Menschen insgesamt gelingt.

Pilot-Projekt - Perspektive „50 plus"

Und was kommt nach der PE?
Oder: Lebensphasengerechte PE
(aus MAO, 30. Jg. Nr.2/2008, Personalentwicklung - woher? wohin?)

... Betrachtet man allein die Ausgaben für Personalentwicklungs-Maßnahmen, dann zeigt sich fast in allen Unternehmen eine Konzentration auf Jüngere. **Gespart wird bei den Älteren, denn nach herkömmlicher Ansicht stehen uns diese ohnehin nicht mehr lange zur Verfügung.** Das könnte sich als Trugschluss herausstellen, denn die demographische Entwicklung, die viele auch als **„demographische Bombe"** bezeichnen, wird **Unternehmen sehr bald zwingen, anders mit ihren Älteren umzugehen**.

Es wäre dies ein schönes HR-Thema, wenn das Thema von dieser Seite verstanden werden könnte. Es wird wohl zu einem **Business-Thema** werden müssen, bei dem die Person an der Spitze eines Unternehmens, die für das Geschäft verantwortlich ist, diese Perspektive in den Mittelpunkt stellen wird. **Denn es gibt in Zukunft nicht mehr genügend Junge und mit der Entsorgung der Älteren ist sehr viel Know How verloren gegangen, das jetzt fehlt.** So sieht das Bild vom Leben aus: Bei einer stetig wachsenden Lebenserwartung ist in Deutschland und in Österreich derzeit **„mit 59 Schluss"**.

Zwischen reiner Berufstätigkeit und einer möglichen Pflegebedürftigkeit hat sich eine Periode von vielleicht 20 Jahren eingeschoben, bei der die Menschen fit, fähig und frei sind, aber oft keine Antwort auf die Frage „Wer braucht mich?" finden. Da liegt die neue Chance für Organisationen. **Personalentwickler, die sich heute schon fit machen für dieses Thema, werden einen Vorsprung haben. ...**

Pilot-Projekt - **Perspektive „50 plus"**

C. Perspektiven orientierter Pilot-Workshop „Q3L – Qualität im 3. Lebenszyklus"

Überblick:
Der Schwerpunkt des Werkstattberichts „Perspektive 50 plus" ist die Dokumentation des Pilot-Trainings-Workshops „Q3L – Qualität im 3. Lebenszyklus", den wir gemeinsam mit unseren Ansprechpartnern im Unternehmen entwickelt und mit einer Pilotgruppe von 12 „erfahrenen" Führungskräften und Spezialisten durchgeführt haben.

Auf den folgenden Seiten finden Sie einen Überblick über das Konzept und den Trainings-Workshop.

- Zeit für Inspiration S. 26
- Ziele S. 27
- Ziel-Gruppe S. 28
- Programm-Überblick S. 29
- Grob-Design: Trainings-Workshop S. 30
- Grob-Design: Follow Up S. 31
- Inhalts-Übersicht: Teilnehmer-Ordner S. 32
- Literaturhinweise S. 33

In den anschließenden Kapiteln erhalten Sie einen Eindruck über den 3-tägigen Trainings-Workshop sowie den Follow Up-Bilanz-Tag.
In den 6 Monaten zwischen den beiden Veranstaltungen haben die Teilnehmer ihre persönlichen Entwicklungs-Projekte (PEP) mit Hilfe kollegialer Coach-Begleitung auf den Weg gebracht, mehr oder weniger umsetzen können und gemeinsam verbindende Lern-Erfahrungen gesammelt.

Pilot-Projekt - Perspektive „50 plus"

Zeit für Inspiration

„Geh ich zeitig in die Leere

Komm ich aus der Leere voll

Wenn ich mit dem Nichts verkehre

Weiß ich wieder was ich soll

......"

Berthold Brecht

Pilot-Projekt - **Perspektive „50 plus"**

Ziele

Den Teilnehmern praktische Möglichkeiten zur Zukunftsentwicklung von wichtigen alternativen Berufs-/ Lebensaktivitäten eröffnen, die bisher unter dem Dringlichkeitsdruck das Nachsehen hatten.

- **Neue berufliche Rollen-Muster erproben**

(z.B. als Coach, Mentor, Fach-/Organisations-Berater die Zukunft sichern)

- **Zukunftsfähige Sinn-Findung und -Stärkung**

(z.B. Übernahme sozialer Verantwortungen, Entwicklung einer nachhaltigen Lebens-Balance)

- **Persönlichkeits-Entwicklung**

(z..B. Stärken-Ausbau, Stärken-Transfer, Komplementär-Entwicklung)

- **Soziale Beziehungen**

(z.B. Netzwerke, Familie)

- **Gesundheit-Fitness**

(z.B. Bewegung, Entspannung, Ernährung)

Pilot-Projekt - Perspektive „50 plus"

Ziel-Gruppe

Das Programm wendet sich an „erfahrene" Führungskräfte und Spezialisten, die ...

... sich mit dem Unternehmen identifizieren.

... Qualitätsbewusstsein und Gelassenheit mitbringen und weiter entwickeln wollen.

... ihre positive Einstellung zur Arbeit weiter leben wollen.

... in die Zukunft denken und sich vorbereiten wollen auf zunehmende Veränderungen im beruflichen Umfeld.

... berufliche Veränderungen durch machen oder initiieren wollen.

... Lust haben, beruflich „noch einmal anzutreten" und Interesse haben auch erweiterte Rollenmuster „zu testen".

... ihre Lebens-Ziele reflektieren und sich auf den 3. Lebenszyklus gezielter vorbereiten und entsprechende Umsetzungsschritte planen und konkretisieren wollen.

Pilot-Projekt - **Perspektive "50 plus"**

Programm-Überblick

Zielperspektive:
"Praktische Möglichkeiten zur Zukunftsentwicklungen von wichtigen alternativen Berufs- und Lebensaktivitäten eröffnen"

- Neue berufliche Rollen-Muster erproben
- Zukunftsfähige Sinn-Findung und -Stärkung
- Persönlichkeits-Entwicklung
- Soziale Beziehungen
- Gesundheit - Fitness

Zielgruppe:
"Erfahrene" Führungskräfte und Spezialisten

| Info-Veranstaltung | Modul (1) **Persönliche & berufliche Standortbestimmung** **Neu-Orientierung & -Ausrichtung** | 6 Monate Umsetzung Persönlicher Entwicklungs-Projekte mit Hilfe kollegialer Coaching-Partnerschaften | Modul (2) **Lern-Erfa & Ausblick** |

Pilot-Projekt - Perspektive „50 plus"

Perspektive „50 plus"

Grob-Design: Trainings-Workshop

Konzepte für eine sinnstiftende persönliche Zukunftsfähigkeit ... und Persönliche Entwicklungs-Projekte planen ...

1. Tag	2. Tag	3. Tag
An-Reise	• Bewegung nach „Lust & Laune" • Vorstellung der Haupt-Entwicklungs-Herausforderungen aus den Lern-Gruppen	• Bewegung nach „Lust & Laune" (4) Sinnfindung durch Soziale Verantwortung (Patenschaften, Mentoring, Beratung) & Kollegiale Rückmeldungen
• Begrüssung, Trainer-Vorstellung • Programm-Ziele, -Ablauf	(1) Pers. Gesundheits-Fitness-Programm entwerfen & Kollegiale Rückmeldungen	(5) Persönlichkeits-Entwicklungs-Programm erstellen mit kollegialer Coach-Begleitung
• Sich begegnen & Kennenlernen mit stärkenorientierten Feedbacks	(2) Pers. Beziehungs-Entwicklungs-Programm entwerfen & Kollegiale Rückmeldungen	• Pers. Entwicklungs-Projekte (PEP) - Auswahl - Konkretisierung - Umsetzungs-Planung & Feedbacks in den Lern-Gruppen
• „Vertrauens-Spaziergang" - Führungs-Grundsätze - Festhalten - Loslassen - Einlassen	(3) Neues berufliches Rollenmuster erproben: Kollegiales Coaching (Führungs-Haltung: - Hilfe zur Selbst-Hilfe - Anregung zu Training und Prozessreflexion)	
• TIP: „Menschen sind verschieden" - Persönliches Heimatgebiet - Selbst-/Fremd-Einschätzung - SPOT-Analyse, Talente, pers. Entwicklungs-Felder		• Abschluss-Runde & Tschüß
• Bildung heterogener Lern-Gruppen mit Projekt-Auftrag • Austausch in den Lern-Gruppen		Ab-Reise
• Kamin-Gespräch mit Überraschungs-Gast	• Kamin-Gespräch mit Überraschungs-Gast	

Pilot-Projekt - Perspektive „50 plus"

Perspektive „50 plus"

Grob-Design: Follow Up nach 6 Monaten

4. Tag

Persönliche und kollegiale Lern-Erfahrungen ... und Zukunftsausrichtung

- Begrüßung, Ziele, Ablauf
- Warming-up

- Review (1)
  Erfolgs-Stories und Erfahrungs-Austausch mit kollegialen Stärken-Feedbacks

- Review (2)
  PEP-Lern-Prozess-Bilanz & aktuelle Anliegen

- Kollegiales Coaching aktueller Anliegen

- Exemplarische Fall-Vertiefung durch kollegiale Beratung im Team

- Nächste Schritte planen und konkretisieren

- Abschlußrunde
- Tschüß

Pilot-Projekt - Perspektive „50 plus"

Inhalts-Übersicht: Teilnehmer-Ordner *)

Lasche:

(0) Programm-Überblick
(1) Persönliches Kennenlernen
(2) Stärken-Orientierung
(3) Persönliche Eigen-Analyse
(4) Vertrauen und Führung
(5) Führungs- und Management-Prinzipien
(6) Lern-Erfahrungen
(7) Veränderungs-Management
(8) Persönliche Fitness
(9) Arbeitsbelastung & Stress
(10) Kommunikative Grundlagen für Beziehungsgestaltung und Beratung
(11) Kollegiales Coaching
(12) Werte - Ziele - Sinn
(13) Eigen- & Fremd-Motivation
(14) Selbst-Management & Eigen-Entwicklung
(15) Follow Up
(16) Artikel zum Themenfeld

*) Unser aktueller Teilnehmer-Ordner hat einen Umfang von 270 Seiten. Im folgenden haben wir für Sie eine exemplarische Auswahl zusammengestellt. Melden Sie sich, wenn Sie an Vertiefungen interessiert sind.

Pilot-Projekt - **Perspektive „50 plus"**

Literaturhinweise für Vertiefungs-Wünsche

- Birkner, M. (2008): Kurswechsel im Beruf. Regensburg: Walhalla Fachverlag
- Creusen, U., Eschemann. N. (2008): Zum Glück gibt´s Erfolg. Zürich: orell füssli
- Gruss, P. (2007): Die Zukunft des Alterns. München: C. H. Beck
- Hohensee, T. (2007): Gelassenheit beginnt im Kopf. München: Knaur
- Peseschkian, N. (2009): Das Alter ist das einzige Mittel für ein langes Leben. Frankfurt. Fischer Taschenbuch Verlag
- PSYCHOLOGIE HEUTE, (August 2010): Das dritte Lebensalter. S. 74 – 77
- PSYCHOLOGIE HEUTE, (August 2010): Wer hoch steigt, kann tief fallen – Führungskräfte nach der Pensionierung. S. 78 – 81
- PSYCHOLOGIE HEUTE, (Juni 2010): Sie sind jünger, als Sie denken. S. 21 – 27
- PSYCHOLOGIE HEUTE, (März 2008): Die männliche Angst vor Gefühlen. S. 30 – 33
- Riemann, F. (1974): Grundformen der Angst. München: Ernst Reinhardt Verlag
- Scheidt, B. (2009): Neue Wege im Berufsleben. Offenbach: GABAL
- Schmid, W. (2006): Die Fülle des Lebens. Frankfurt a. M.: Insel Verlag
- Schmid, W. (2007): Glück. Frankfurt a. M.: Insel Verlag
- Wieseneder, S. (2009): Karriere nach der Karriere. Zürich: orell füssli

1. Tag

1.1 Workshop-Eröffnung und Sensibilisierung

Überblick:

"Wer das erste Knopfloch verfehlt, kommt mit dem Zuknöpfen nicht zu Rande" (Goethe, Maximen und Reflexionen).

Bei unserem „Q3L"-Ansatz ist es uns wichtig, unseren Teilnehmern Reflexions-Räume zu schaffen. Sie werden eingeladen, sich gemeinsam Überlegungen zu ihrer *„optimalen (inneren) Aufstellung"* und *„Performance-Entwicklung für ihren 3. Lebenszyklus"* zu machen. Und sich praktische Möglichkeiten zur Zukunftsentwicklung von wichtigen *alternativen Berufs- und Lebensaktivitäten* zu eröffnen, die bislang unter dem *Dringlichkeitsdruck* das Nachsehen hatten.

Die Wände unseres Seminarraums werden von uns mit „meta-perspektivischen" *Lebensweisheiten* „tapeziert". Die Teilnehmer können sich so anregen lassen, immer mal wieder „drüber-nachzudenken" und den „Philosophen in sich" einzuladen und einen Raum zu geben.

Beim Blättern durch dieses Kapitel finden Sie:
- Begrüßungs-Flipchart   S. 35
- „Meta-perspektivische" Konzepte und
  Lebens-Weisheiten   S. 36 - 41
- Workshop-Fahrplan   S. 42
- Tages-Ablauf 1. Tag   S. 43

Pilot-Projekt - **Perspektive „50 plus"**

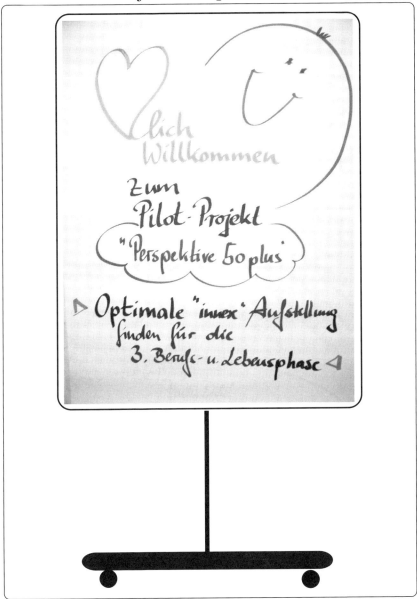

Pilot-Projekt - **Perspektive „50 plus"**

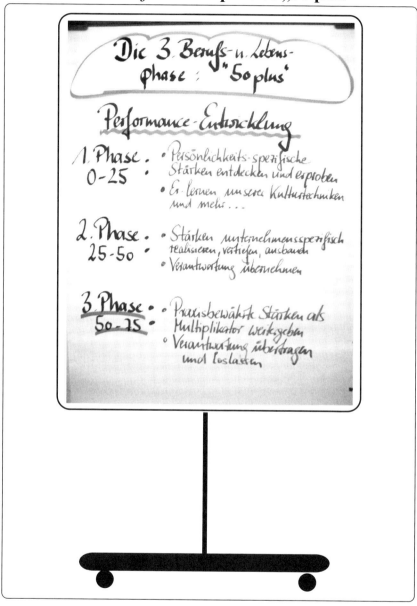

Pilot-Projekt - **Perspektive „50 plus"**

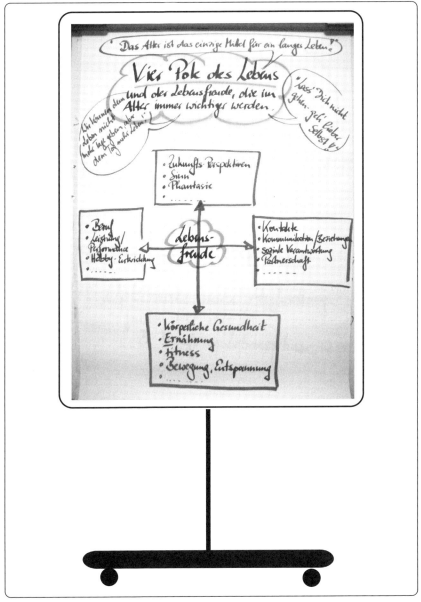

Pilot-Projekt - Perspektive „50 plus"

Pilot-Projekt - **Perspektive „50 plus"**

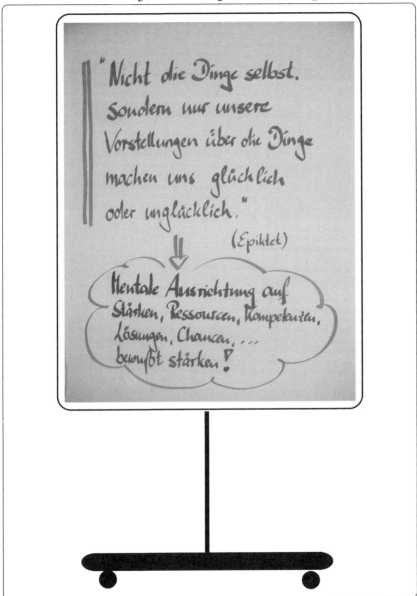

Pilot-Projekt - **Perspektive „50 plus"**

Pilot-Projekt - **Perspektive „50 plus"**

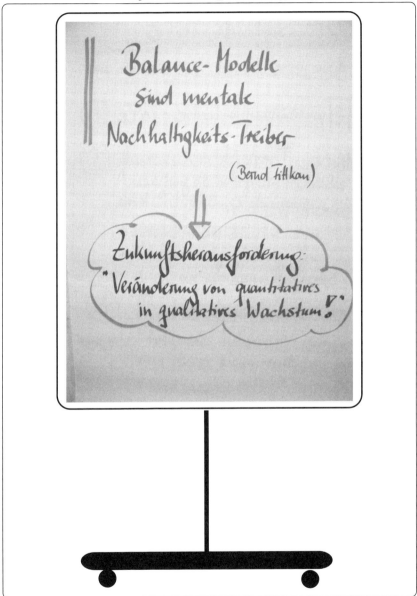

Pilot-Projekt - **Perspektive „50 plus"**

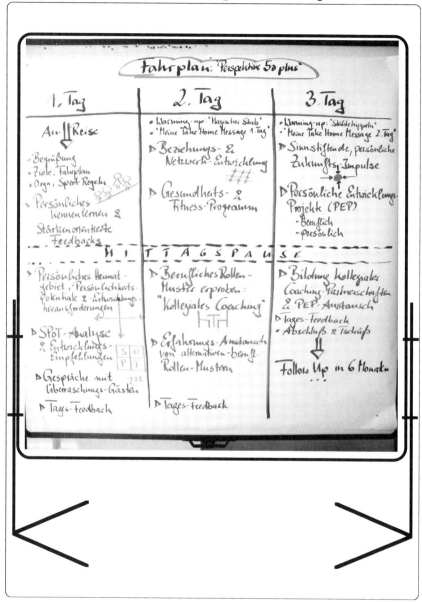

Pilot-Projekt - **Perspektive „50 plus"**

1.2 Persönliches Kennenlernen und stärkenorientierte Feedbacks

Überblick:
Nach der Sensibilisierung und Einführung in unser Thema "Qualität im 3. Lebenszyklus" bitten wir die Teilnehmer sich nach unterschiedlichen Kriterien auf einer Linie auf dem Boden aufzustellen (siehe: *"Begegnungen auf dem Strich"*, S. 46). Dieser Einstieg in das persönliche Kennenlernen sorgt gleich zu Beginn für eine "lockere" Atmosphäre. Anschließend laden wir jeden Teilnehmer ein, sich nach einer kurzen Vorbereitung etwas "formaler" vorzustellen.

Bezogen auf den beruflichen Werdegang *"Wie ich wurde, was ich bin"* (S. 47) wählen die Teilnehmer ihre 3 "wichtigsten" beruflichen Stationen aus:
- Meine Start im Unternehmen
    - Jahr des Einstiegs
    - Meine damalige Expertise, Studium, Erfahrungen, ...
    - Meine damalige Funktion, Aufgabe, Herausforderungen, ...
- Eines meiner beruflichen "Highlights"(Zeitpunkt, Aufgabe, Ort, ...):
    - Fühlte mich wohl, hatte "Spaß", war erfolgreich, "es lief gut", ...
    - Fühlte mich in meinem "Element", ... herausgefordert und es passte
- Aktuelle Position
    - Aufgabe, Funktion, Herausforderungen, ...

Bezogen auf unsere Veranstaltung nach 5 Aspekten:
- Mein persönlicher, kreativer Reflexions-Raum.
- Meine 3 Erwartungen an diese Veranstaltung.
- Meine 3 Stärken / Talente, auf die ich bauen kann und die ich zukünftig noch stärker nach vorne bringen möchte.
- Meine inneren Leit-Linien, die mir im Leben Orientierung geben.
- So würden meine Mitarbeiter / Kollegen den von mir praktizierten Kommunikations- und Führungsstil charakterisieren.

Während der Kurz-Präsentationen notieren die Kolleginnen und Kollegen alle Stärken, möglichen Talente, wahrgenommen Potentiale etc. stichwortartig als "Spontan-Feedback" auf einen Zettel. Nach der Kurz-Vorstellung sammelt jeder Teilnehmer von den Kollegen seine Stärken-Feedbacks ein – nach dem Motto: „Feedback ist Hole-Schuld".

Am Ende der Vorstellungs- und Kennenlern-Runde „verlosen" wir Trainer uns als Coaches für die Teilnehmer. Jeder Teilnehmer erhält die Möglichkeit, mit einem Trainer „unter 4-Augen" seine ganz spezielle Situation bei einem „Arbeitsessen" zu reflektieren. Diese „Coaching"-Termine finden also zu den Essenzeiten statt. So bekommen auch wir Trainer einen tieferen Kontakt zu unseren Teilnehmern.

- „Begegnungen" auf den Strich   S. 46
- „Wie ich wurde, was ich bin"   S. 47
- Persönliche Kurz-Vorstellung mit „Spontan-Feedback"   S. 48
- Spontan-Feedback: „Erster Eindruck"   S. 49
- Persönliche Kurz-Vorstellung – Beispiele   S. 50
- Positive Wahrnehmungssteuerung   S. 51
- „Grenzen überschreiten ...?!"   S. 52
- Coaching- & Beratungs-Gespräche mit den Trainern   S. 53

Pilot-Projekt - Perspektive „50 plus"

„Begegnungen" ... auf dem Strich ...

- Nach-Name
- Vor-Name
- Betriebs-Zugehörigkeit
- Befinden
- Innere Einstellung zum Pilot-Projekt „Perspektive 50 plus":
  abwartend/zurückhaltend- offen/aufgeschlossen/neugierig
- Persönlichkeit:
  eher Friedliebender - eher Kämpfer
  eher Bewahrende - eher Veränderungsfreudige
- Führungs-Metapher:
  Gärtner - Bildhauer
- Meine aktuelle Arbeitssituation:
  routinenverhaftet - herausfordernd
- Meine Work-Life-Situation:
  in Schieflage/unstimmig - ausbalanciert/stimmig
- Mit Blick in die Zukunft habe ich:
  unklare, unsichere - klare, konkrete Vorstellungen/Ziele

Pilot-Projekt - **Perspektive „50 plus"**

„Wie ich wurde, was ich bin"

Bitte überlegen Sie, welche wichtigen Stationen Sie in Ihrem Leben durchlaufen haben, um hier in diese Position zu kommen. Manches wurde mehr von außen vorgegeben, manches mehr von Ihnen entschieden. Nehmen Sie für jede Station eine kleine runde Karte und notieren darauf ein Stations-Symbol oder -Stichwort. Beginnen Sie mit Jahr und Ort Ihrer Geburt. Nehmen Sie auch eine Karte für Ihre Jugend (Eltern-Einflüsse, Geschwister-Abgrenzungen etc.); dann Schule, Studium, Ausbildung, Hobbies, Berufsstationen, Umwege, Fortbildung, Zweitberufe, ...)

'50 '60 '70 '80 '90 '00 — hier & jetzt — '00 '90 '80 '70 '60 '50

Pilot-Projekt - Perspektive „50 plus"

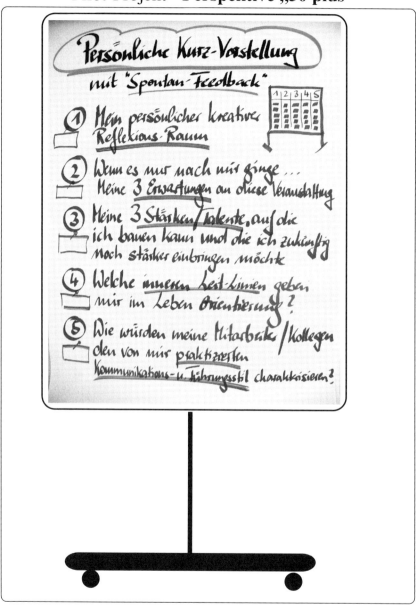

Pilot-Projekt - **Perspektive „50 plus"**

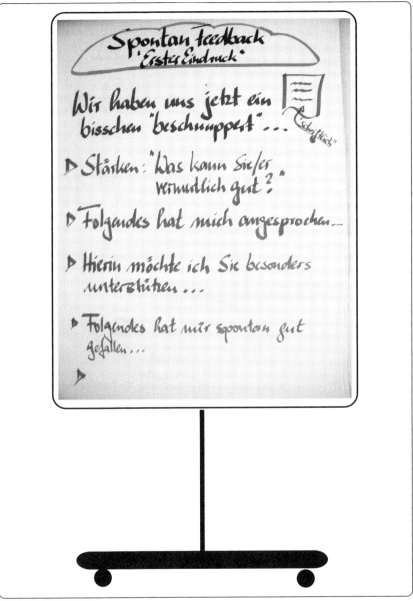

Pilot-Projekt - Perspektive „50 plus"

Persönliche Kurz-Vorstellung

Name (geändert)	1. Mein Reflexions-Raum	2. Meine Erwartungen	3. Meine Stärken, Talente	4. Meine Inneren Leitlinien	5. Mein praktizierter KoFü-Stil
Aust	• Joggen, schwimmen • Badewanne • Spazierengehen	• Stimmt meine Life-Balance? • Meine Themen der nächsten Jahre? • Besonderheiten der Altersgruppe	• Erfahrungen • Organisationstalent • strukturiertes Arbeiten	• Was man erreichen möchte, kann man auch schaffen! • Never give up!	• offen • ehrlich • unbequem
Schmitt	• Sport • Auto fahren • Sauna	• Ideen für die Zukunft sammeln • Reflexion meiner IST-Situation • Erfa-Austausch	• Soziale Kompetenzen • Großzügigkeit • Offenheit	• in Bewegung bleiben! • auf Stärken setzen	transparenter, offener, kooperativer Führungsstil
Lau	• Liegestuhl im Schatten • Zeit vor dem Einschlafen	• Wo stehe ich? • Wie kann ich meine Erfahrungen weitergeben? (Coaching)	• Kreativität • Expertise • EQ	• gleichen Respekt vor jedem und der Natur • Freundeskreis pflegen	• zugänglich • gebe Freiraum • sorge für Orientierung
Koster	• Wenn ich alleine bin • Beim Sport	• Anstoß zu konkretem Handeln • Erfa-Austausch	• Auslandserfahrung • sportl. Fitness • Aufgeschlossenheit	• Fairness und Gerechtigkeit • in die Schuhe des anderen schlüpfen	• Zielorientiert • Fördern & Fordern
Florin	• Gespräche mit Freunden und Bekannten	• Verschüttetes Ausgraben • Anstoß zur Reflexion	• Gelassenheit • Strukturiert • Umgang mit Menschen	• soziale Einstellung • christliche Ethik	• Push & Pull
Mohn	• Interessante Kontakte • Radweg zur Arbeit	• Anregungen, wie ich eine Arbeit interessanter machen kann	• Delegieren • Vermitteln • strategisches Denken	• Freiheit geben und leben • Was Du heute kannst besorgen ...	• So viel Freiraum wie möglich, so viel Vorgaben wie nötig!
Storch	• Die Zeit kurz vor dem Einschlafen • Radweg zur Arbeit	• Eigene Veränderungen initiieren und umsetzen	• Ruhe bewahren • Überblick behalten • Analytisch	• Behandle andere so, wie Du selbst behandelt werden möchtest!	• Verlässlich • aus Fehler lernen

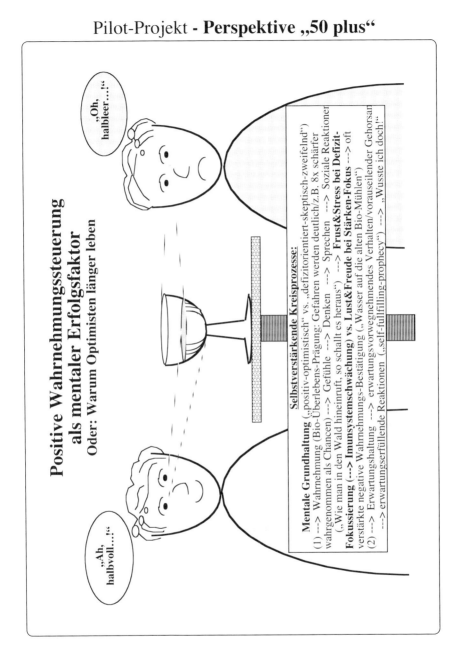

Pilot-Projekt - Perspektive „50 plus"

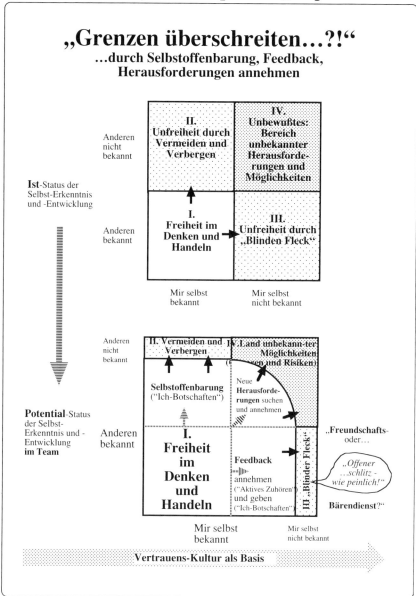

Pilot-Projekt - **Perspektive „50 plus"**

Mit wem? Wann?	TRAINER	
	B.F.	T.G
Mi./mi.		
Mi./ab.		
Do./mo.*)		
Do./mi.		
Do./ab.		
Fr./mo.*)		
Fr./mi.		

Coaching-/Beratungs-Gespräche mit den Trainern (c.a. 1 Std.)

*) um 8:00 zum Frühstück

1.3 Persönliches Heimatgebiet, Persönlichkeits-Potentiale & Entwicklungs-Herausforderungen

Überblick:

„Selbsterkenntnis ist ein guter Weg zur Weiterentwicklung". Das kann als Leitspruch für unseren nächsten Schritt im Workshop gelten. Wir stützen uns dabei seit vielen Jahren mit Gewinn auf ein wissenschaftlich begründetes und auch praktisch brauchbares Persönlichkeits-Modell, das wir aus den Erkenntnissen des Neopsychoanalytiker Fritz Riemann („Grundformen der Angst", 1974) abgeleitet und bis zum „Riemann-Fittkau-Werteraum" weiter entwickelt haben, der als „soziales Raum-Zeit-Kontinuum" zweidimensional darstellbar ist. Wir vermitteln den Teilnehmern die dem Modell zugrundeliegenden und den Menschen in seinem 1. Lebenszyklus prägenden Lebenserfahrungen. Deshalb erscheint dieses Modell für die meisten Teilnehmer unmittelbar und intuitiv verständlich. Durch Selbsteinschätzungen gewinnen die Teilnehmer erste Impulse für persönlichkeits-spezifische Entwicklungs-Herausforderungen:

- Persönliches Heimatgebiet & Abrundungsbereiche   S. 55
- Impuls-Vortrag: Wer bin ich – und wenn ja, wie viele?   S. 56-57
- „Soziales-Raum-Zeit-Kontinuum" als Werte-Modell   S. 58
- „Grundformen der Angst" (Riemann 1961)   S. 59
- Interkulturell erfolgreiches Persönlichkeits-Faktoren-System („Big Five")   S. 60
- Persönlichkeits-Modell im Vergleich: „Riemann" – „Myers-Briggs-Typen-Indikatoren" (MBTI)   S. 61
- Vier Persönlichkeits-Strebungen: „Licht" & ...   S. 62
- Vier Persönlichkeits-Strebungen: ... & „Schatten"   S. 63
- „Der Mensch im Ego-Tunnel"   S. 64
- Rollen in erfolgreichen Teams   S. 65
- Team-Spielfeld und Team-Rollen-Positionierung   S. 66

Pilot-Projekt - **Perspektive „50 plus"**

Pilot-Projekt - **Perspektive „50 plus"**

„Perspektive 50+" - Entwicklungs-Impuls:
„Wer bin ich – und wenn ja, wie viele?
Oder:
Welche Teile meines Persönlichkeits-Potentials will ich in meiner 3. Berufs- und Lebensphase („50+") entfalten?
Prof. Dr. Bernd Fittkau

(1) Lebensethische Maxime
Fangen wir mit einer grundlegenden Überlegung an, einer lebensphilosophischen. In unserem Alter kann man sich Lebens-Philosophie leisten, z.B. also Fragen stellen nach Prinzipien für ein gutes Leben. Folgende lebensethische Maxime von Albert Schweitzer, dem ich noch die Hand geschüttelt habe, als er 1959 „meinem" Gymnasium seinen Namen gab, weist auf viele existentielle Grunddilemmata hin:

*„Ich bin Leben, das leben will
inmitten von Leben, das leben will"*

Damit meint er alles Leben, das die Evolution hervorgebracht hat, die physikalische, biologische und kulturelle Evolution. Wir als Kulturwesen haben die Fähigkeit, mit Hilfe von Symbolsystemen die Prinzipien der physikalischen und biologischen Evolutionsgeschichte, die Naturgesetze, für unser Überleben und unsere Bedürfnisbefriedigung zu nutzen und den nächsten Generationen weiter zu geben. Dass wir hierbei aufgrund unseres human-egozentrischen Blickes immer wieder aus der Balance geraten, zeigen die aktuellen Krisen deutlich. Zudem bemühen wir uns, meist ebenfalls egogetrieben, unser kleines, sterbliches Ich zu überleben mit Hilfe von Religionen, Traditionen, Kunstwerken, Innovationen, Vermächtnissen, Denkmälern etc. und in jüngerer Zeit mit Hilfe der Wissenschaften.

(2) Was sind allgemein menschliche Grundbedürfnisse?
Der Neurobiologe und Hirnforscher Gerald Hüther sieht vor allem zwei Grundbedürfnisse, die den Menschen antreiben:

    1. Soziale Zugehörigkeit (zur Herkunftsfamilie, Peergroup, Heimat-Nation-Tradition)
    2. Wachstum (erwachsen, leistungsfähig, selbstwirksam, ... werden).

Die moderne Psychotherapieforschung differenziert etwas stärker: Vier Grundbedürfnisse müssen erfüllt sein, damit Menschen ein psychisch gesundes, zufriedenes Leben führen können:

    1. Zugehörigkeit-Bindung
    2. Orientierung-Kontrolle
    3. Leistungsanerkennung-Selbstwirksamkeit
    4. Lust-Sex-Genuss

Gibt es ein brauchbares Modell, an dem wir unsere weitere Persönlichkeits-Entwicklung ausrichten können? Wir schlagen dazu folgendes bewährte Modell vor:

Pilot-Projekt - **Perspektive „50 plus"**

(3) Das „Soziale Raum-Zeit-Kontinuum" als (inter-)kulturelles Entwicklungs-Modell

Es gibt eine große Zahl von Modellen, mit denen die Unterschiede zwischen Menschen erfasst werden können. Sie kennen sicher das eine oder andere. Nach unseren Analysen lassen sich alle diese Modelle mehr oder weniger vollständig einem relativ einfachen sozialen Grundmodell zuordnen: Diesem Grundmodell haben wir den aus der Physik entlehnten Namen „Soziales Raum-Zeit-Kontinuum" (SRZK) gegeben. Es besteht aus zwei Dimension, der Raum- und der Zeit-Dimension:

    1. Soziale Raum-Dimension mit den Polen NÄHE und DISTANZ
    2. Soziale Zeit-Dimension mit den Polen DAUER und WECHSEL.

Die Grundüberlegungen zu diesem Modell stammen von dem Neopsychoanalytiker Fritz Riemann aus seinem Buch „Grundformen der Angst" (1974). Für die meisten Menschen ist dieses Modell intuitiv verständlich, weil in ihm die wesentlichen Entwicklungsphasen und emotional prägenden Erfahrungen im menschlichen Leben symbolisiert werden – „Werte" können so als wichtige kondensierte (Über-) Lebenserfahrungen verstanden werden:

- Von der „paradiesischen Einheitserfahrung" im Mutterleib
- über den Geburtsakt als irritierende Befreiung aus zunehmender Enge
- hinein in die überlebenssichernden Zugehörigkeitserfahrungen der Herkunfts-Familie
- mit den Herausforderungen zu Wachstum in Richtung Selbstständigkeit, Selbstdisziplin und sozialer Pflichterfüllung (und den bekannten Ambivalenzen und Widerständen, den angenehmen Status des sozialen versorgt werdens zu verlieren),
- der Erfahrung von Selbstwirksamkeits-Kompetenzen, den Abnabelungs- und Befreiungsmöglichkeiten aus den traditionellen Familienabhängigkeiten und neuem Anerkennungs- und Geborgenheitserleben in den Peergroups der Pubertät,
- als Übergang zu den Leistungs- und Stärkeerfahrungen des Erwachsenen mit den Möglichkeiten von Eigenverantwortung, beruflicher Anerkennung, Individualität, Karriere und Familiengründung
- und schließlich der Auseinandersetzung mit der eigenen Endlichkeit und dem Wunsch nach Absicherung der eigenen Leistungen durch entsprechende Rituale und gesellschaftliche Strukturen und Regeln oft gepaart mit dem Wunsch, eigene Spuren über den Tod hinaus zu hinterlassen.

Je nachdem, in welchem der unterschiedlichen sozialen Räume ich mich bewege, im

- individuellen Raum
- Paar-Raum
- Familien-Raum
- Gruppen-, Team-Raum
- Organisations-, Unternehmens-Raum
- Gesellschafts-, Nationen-Raum
- Raum der globalisierten Welt

erhalten diese Grunddimensionen unterschiedliche Charakterisierungen. Wir wollen uns hier hauptsächlich im individuellen Raum bewegen. Es soll uns ja hier um unsere persönlichen Entwicklungs-Möglichkeiten gehen.

- Die vier Grundbedürfnisse im „SRZK"
- Das interkulturell gültige „Big Five-Modell der Persönlichkeit" im „SRZK"
- Nachhaltige Unternehmensentwicklung im „SRZK"
- Mein aktuelles Persönliches Heimatgebiet" (Licht & Schatten-Seiten)
- Beruflicher Raum: Meine aktuellen „Team-Rollen-Stärken"

Pilot-Projekt - **Perspektive „50 plus"**

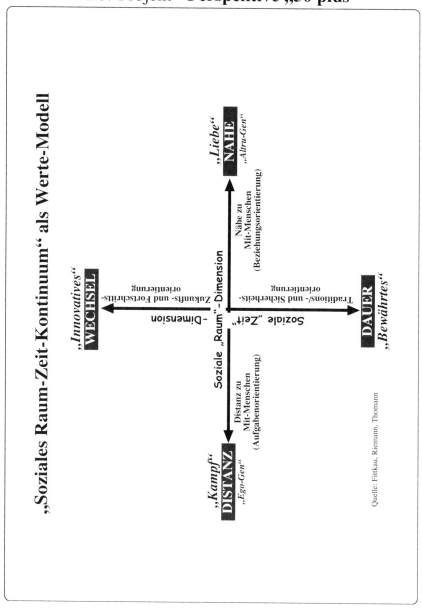

Quelle: Fittkau, Riemann, Thomann

Pilot-Projekt - Perspektive „50 plus"

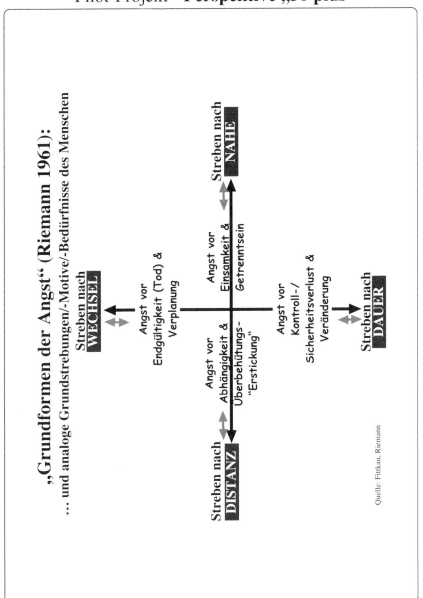

Pilot-Projekt - Perspektive „50 plus"

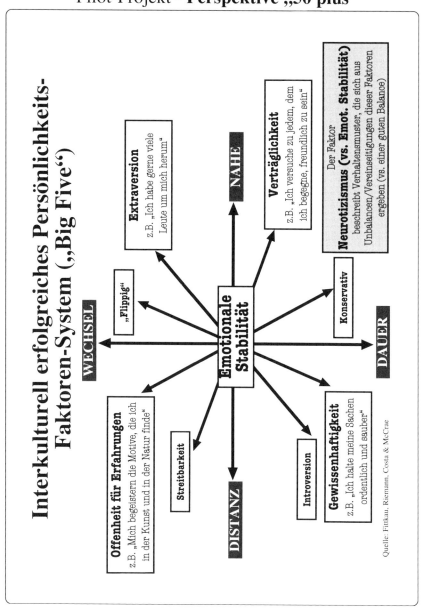

Pilot-Projekt - **Perspektive „50 plus"**

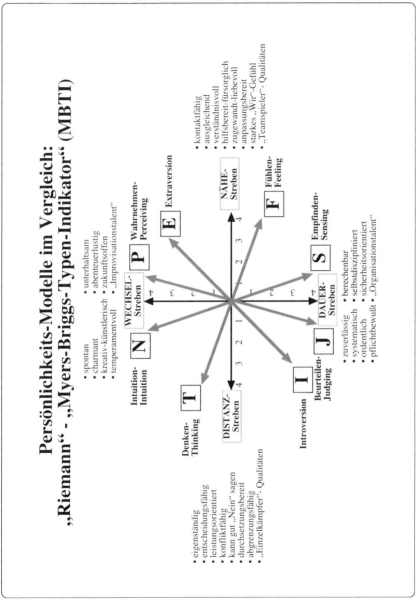

Pilot-Projekt - Perspektive „50 plus"

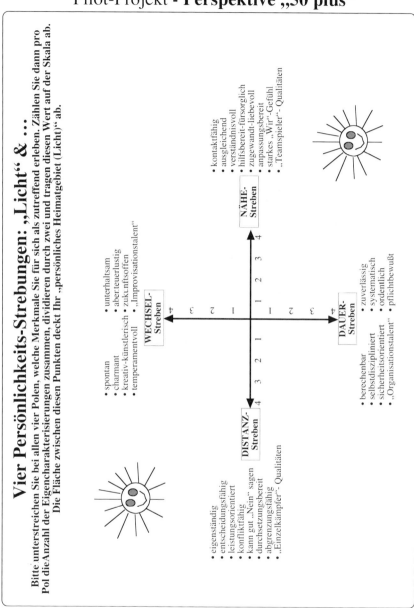

Vier Persönlichkeits-Strebungen: „Licht" & …

Bitte unterstreichen Sie bei allen vier Polen, welche Merkmale Sie für sich als zutreffend erleben. Zählen Sie dann pro Pol die Anzahl der Eigencharakterisierungen zusammen, dividieren durch zwei und tragen diesen Wert auf der Skala ab. Die Fläche zwischen diesen Punkten deckt Ihr „persönliches Heimatgebiet (Licht)" ab.

WECHSEL-Streben
- spontan
- charmant
- kreativ-künstlerisch
- temperamentvoll
- unterhaltsam
- abenteuerlustig
- zukunftsoffen
- „Improvisationstalent"

NÄHE-Streben
- kontaktfähig
- ausgleichend
- verständnisvoll
- hilfsbereit-fürsorglich
- zugewandt-liebevoll
- anpassungsbereit
- starkes „Wir"-Gefühl
- „Teamspieler"- Qualitäten

DAUER-Streben
- berechenbar
- selbstdiszipliniert
- sicherheitsorientiert
- zuverlässig
- systematisch
- ordentlich
- pflichtbewußt
- „Organisationstalent"

DISTANZ-Streben
- eigenständig
- entscheidungsfähig
- leistungsorientiert
- konfliktfähig
- kann gut „Nein" sagen
- durchsetzungsbereit
- abgrenzungsfähig
- „Einzelkämpfer"- Qualitäten

Pilot-Projekt - **Perspektive „50 plus"**

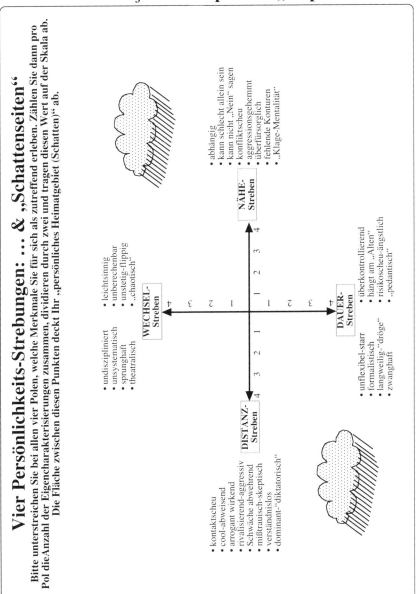

Pilot-Projekt - Perspektive „50 plus"

„Der Mensch im Ego-Tunnel –
als Gattungswesen und individuell"

• Der Neuro-Philosoph Thomas Metzinger hat in seinem neuen Buch „Ego-Tunnel" (2009) ein Bild vom Selbst des Menschen entworfen, das die wissenschaftlichen Erkenntnissen der modernen Hirnforschung integriert:

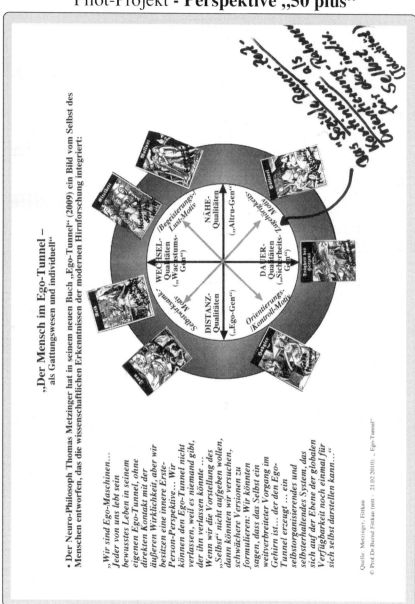

„Wir sind Ego-Maschinen…
Jeder von uns lebt sein bewusstes Leben in seinem eigenen Ego-Tunnel, ohne direkten Kontakt mit der äußeren Wirklichkeit, aber wir besitzen eine innere Erste-Person-Perspektive… Wir können den Ego-Tunnel nicht verlassen, weil es niemand gibt, der ihn verlassen könnte …
Wenn wir die Vorstellung des „Selbst" nicht aufgeben wollen, dann könnten wir versuchen, schwächere Versionen zu formulieren: Wir könnten sagen, dass das Selbst ein weitverbreiteter Vorgang im Gehirn ist… der den Ego-Tunnel erzeugt … ein selbstorganisierendes und selbsterhaltendes System, das sich auf der Ebene der globalen Verfügbarkeit noch einmal für sich selbst darstellen kann…"

Quelle: Metzinger, Fittkau
© Prof.Dr.Bernd Fittkau (mit – 21.02.2010): „Ego-Tunnel"

Pilot-Projekt - **Perspektive „50 plus"**

Rollen in erfolgreichen Teams

Typ	Kürzel	Typische Eigenschaften	Positive Qualitäten	Mögliche Schwächen	Wer in Ihrem Team kann diese Rolle spielen?*)
Der Zuverlässige (Company Worker/ Implementer)	Zu	konservativ, vorsichtig, loyal, pflichtbewußt, einschätzbar	organisieren, praktischer, gesunder Menschenverstand, hart arbeitend, selbstdiszipliniert	Mangel an Flexibilität, unempfänglich und unsensibel gegenüber ungeprüften Ideen	
Der Moderator (Chairman/ Co-Ordinator)	Mo	ruhig, selbstsicher, beherrscht	besitzt die Eigenschaft, potentielle Mitarbeiter mit ihren Werten und Verdiensten ohne Vorurteile aufzunehmen, einzubinden und mit ihnen umzugehen; starke Wahrnehmung für objektive Gegebenheiten	nicht mehr als das übliche Maß an Intellekt oder kreativer Fähigkeiten	
Der Gestalter (Shaper)	Ge	nervös, erregbar, geht aus sich heraus, dynamisch	hat den Willen und die Bereitschaft, die Trägheit, Ineffektivität, Selbstgefälligkeit oder Selbsttäuschung zu bekämpfen	Neigung zu Provokationen, Irritation, Ärger und Ungeduld	
Der Ideengeber (Plant)	Id	individuell, ernsthaft, unorthodox, vom Herkömmlichen abweichend	Innovative Begabung, Vorstellungskraft, Intellekt, Wissen	schwebt in den Wolken; neigt dazu, praktische Details oder das Protokoll zu übersehen	
Der Aktivierer (Resource-Investigator)	Ak	extravertiert, enthusiastisch, neugierig, wißbegierig, kommunikativ	besitzt die Eigenschaft, Kontakt zu Personen aufzunehmen und alles Neue zu erforschen; kann Herausforderungen annehmen	läuft Gefahr, das Interesse an einer Sache zu verlieren, sobald die anfängliche Faszination vorüber ist	
Der Systematiker (Monitor Evaluator)	Sy	nüchtern, besonnen, eher passiv, vorsichtig	Beurteilung, Diskretion, Nüchternheit, Praxis	fehlende Inspiration und mangelnde Fähigkeit, andere zu motivieren	
Der Teamworker (Team Worker)	Te	sozial orientiert, freundlich, empfindsam	besitzt die Fähigkeit, auf Menschen und Situationen einzugehen und den Teamgeist zu fördern	Unentschlossenheit in Krisensituationen, Konfliktvermeidung	
Der Qualitätssicherer (Completer Finisher)	Qu	sorgfältig, gewissenhaft, fleißig, eifrig	besitzt die Eigenschaft, Dinge durchzuziehen; Perfektionismus	neigt dazu, sich über kleine Dinge aufzuregen; läßt die Dinge ungern „laufen"	
Der Stratege (Strategist)	St	weitblickend, mutig, tatkräftig ideenreich, konzeptionell	denkt über den Tellerrand hinaus, erkennt Kraftfelder in Systemen, Interesse an Erneuerung,	kann sich in unrealistische Ideen und Projekte verrennen, Widerstände gegen bewährte Routinen	

*) Bitte schätzen Sie (1) sich selbst ein, welche 3 Rollen (X_1, X_2, X_3) Ihnen am meisten liegt (Selbstbild), (2) welche Rollen die einzelnen Mitglieder Ihres Teams am besten spielen können (Fremdbilder - pro Teammitglied ca. 2 Rollen - Benutzen Sie Namensabkürzungen).

Quelle: Belbin, Fittkau

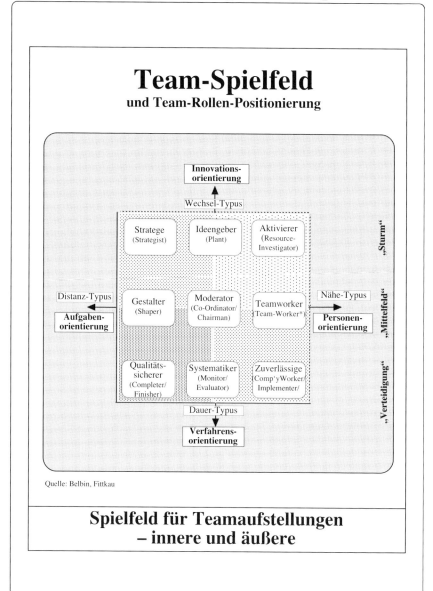

1.4 Eigen-Potential-Analyse (SPOT), Auswertung der Stärken-Feedbacks und kollegiale Entwicklungs-Empfehlungen

Überblick:
Die Teilnehmer haben nun mit Hilfe des Persönlichkeits-Modells und der Selbst-Einschätzung der „Licht"-Merkmale der eigenen Persönlichkeit erste Impulse und Anregungen für ihre Standort-Bestimmung und Entwicklungsrichtung erhalten. Wir bitten nun die Teilnehmer, ein aus dem strategischen Management bekanntes Diagnose-und Entwicklungs-Instrument (SWOT-Analyse) auf die eigene Persönlichkeit anzuwenden (SPOT-Analyse: Satisfactions, Problems, Opportunities, Threats). Nach der SPOT-Selbst-Einschätzung bilden wir kleine Lern-Teams. Die Teilnehmer stellen sich gegenseitig die Ergebnisse ihrer SPOT-Analyse vor, holen sich kollegiale Feedbacks und Entwicklungs-Anregungen. Jede dieser kleinen Beratungs-Runden wird mit einem Lern-Fazit abgeschlossen: „Folgendes nehme ich für mich mit ..."

• SPOT-Analyse – Ablauf der Sequenz	S. 68
• „Persönliche SPOT-Analyse"	S. 69
• „Stärken stärken": Erfolge auswerten	S. 70
• Stärken stärken & Schwächen schwächen	S. 71
• Meine Stärken	S. 72
• Meine Erfolgserlebnisse	S. 73

Pilot-Projekt - **Perspektive „50 plus"**

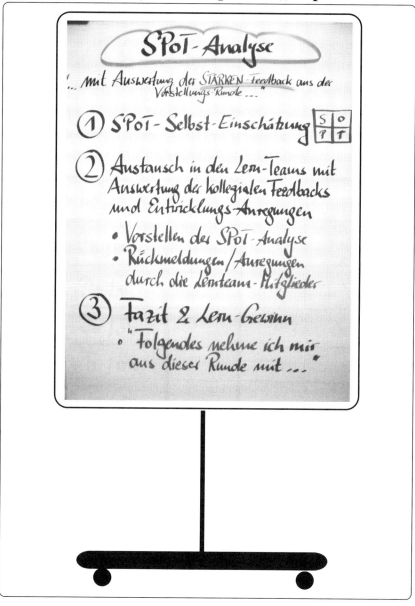

Pilot-Projekt - **Perspektive „50 plus"**

„Persönliche SPOT-Analyse"

S	P	O	T
„Satisfactions" in der Gegenwart	„Problems" in der Gegenwart	„Opportunities" in der Zukunft	„Threats" in der Zukunft

Bitte füllen Sie die folgenden vier Felder für Ihre berufliche (und ggf. private) Situation aus.

Gegenwart — **Zukunft**

Mein Ressourcen-Pool

S — Satisfactions
- Was läuft gut bei mir?
- Worauf kann ich mich verlassen?
- Was stellt mich zufrieden?
- Was gibt mir Energie?
- Worauf bin ich stolz?
- Was sind meine Stärken?

O — Opportunities
- Wozu wäre ich noch fähig?
- Was sind die Zukunftschancen?
- Was kann ich im Umfeld nutzen?
- Was liegt noch brach?
- Was kann ich ausbauen?
- Welche Möglichkeiten habe ich?

Meine Herausforderungen

P — Problems
- Was ist schwierig?
- Welche Störungen behindern mich?
- Was fehlt mir?
- Was fällt mir schwer?
- Wo liegen meine Fallen?

T — Threats
- Wo lauern künftig Gefahren?
- Schwierigkeiten, die auf mich zukommen?
- Womit muss ich rechnen?
- Was sind meine Befürchtungen?

Quelle: Graf-Götz, Glatz

Pilot-Projekt - Perspektive „50 plus"

„Stärken stärken": Erfolge auswerten
Interview-Leitfaden & Ergebnissicherung

(1) Nach den Erfolgen fragen: **Notizen**
- „Wann waren Sie kürzlich mit sich und Ihrer Arbeit zufrieden?"
- „Welche erfreuliche Situation haben Sie in letzter Zeit erlebt?"
- „Was ist Ihnen gelungen? Schildern Sie bitte ein Beispiel"
- „Erzählen Sie kurz von einem Erfolgserlebnis aus der letzten Zeit. Verwenden Sie dabei nicht mehr als drei oder vier Sätze"
- „Worin besteht für Sie der Erfolg?"

(2) Fragen nach dem persönlichen Beitrag:
- „Wie haben Sie das gemacht?"
- „Wie ist Ihnen das gelungen?"
- „Was war Ihr Beitrag dazu"
- „Worin besteht für Sie der Erfolg?"
- „Welche Ihrer Stärken und Fähigkeiten haben Sie dabei eingesetzt?"
- „Wie haben Sie sich darauf vorbereitet?"
- „… Wie noch?" – „Was sonst noch?" – „Was meinen Sie mit…?" – „Was ist Ihnen noch wichtig an diesem Erfolg?"

(3) Fragen nach dem Nutzen der Erfahrung in der Zukunft:
- „Wie ließe sich der Erfolg für Sie wiederholen?"
- „Auf welche anderen Situationen, in die Sie gelegentlich kommen, ließ sich der Erfolg übertragen?"
- „Wo können Sie Ihre in dieser Situation gezeigten Stärken und Fähigkeiten noch einsetzen?"
- „Welche Ratschläge, Tipps und Lehren könnten Sie uns geben, falls wi in eine ähnliche Situation kommen?"
- „… Was noch?" – „Was sonst noch?" – „Was meinen Sie mit…?"

(4) Fragen nach der Anerkennung durch Sie und andere:
- „Wem haben Sie von Ihrem Erfolg erzählt?"
- „Wem hätten Sie noch davon erzählen können?"
- „Wie hätten Sie erzählen können, damit sie Ihren Erfolg (noch mehr) würdigen"
- „Wie haben Sie sich für Ihren Erfolg belohnt?"
- „Angenommen, Sie hätten sich angemessen/doch für Ihren Erfolg belohnt – wie hätten Sie das gemacht?"
- „… Wie noch?" – „Was sonst noch?" – „Was meinen Sie mit…?"

Quelle: Herwig-Lempp (2004)

Pilot-Projekt - **Perspektive „50 plus"**

„Stärken stärken & Schwächen schwächen"
(Interview-)Leitfaden zur persönlichen Ressourcen-Aktivierung

(1) Ihre/Deine Stärken ?!	Notizen
• „Was können Sie gut?" • „Womit sind Sie erfolgreich?" • „Welche Aufgaben sind bei Ihnen gut aufgehoben?" • „Welche Art von Aufgaben machen Ihnen besonderen Spaß?" • „Wo können Kollegen von Ihnen lernen?" • „Welche (event. noch unentdeckten) Talente und Potentiale schlummern in Ihnen sonst noch (siehe z.B. Ihre Hobbies)?	
(2) Ihre/DeineOptimierungs-Punkte ?	
• „Wo sehen Sie Ihre Schwächen und möchten besser werden?" • „Gibt es Situationen, in denen Sie sich unsicher fühlen und stärker erscheinen möchten?" • „In welchen Situationen spüren Sie Ihre Defizite und Schwächen besonders?" • „Geraten Sie gelegentlich in Situationen, wo Sie sich wünschen, eine bessere Figur zu machen?"	
(3) „Ball-Paradox"	
• „Was müssten Sie tun, damit Ihnen Ihre Schwächen/Defizite besonders schmerzhaft auf die Füße fallen?" • „Mit welcher Schwäche könnten Sie besondere Peinlichkeits-Punkte gewinnen?"	
(4) Welchen der obigen Opti-Punkte wollen Sie jetzt lösungsbezogen angehen?	➝
• „Mit welchen Ihrer Stärken können Sie bei Ihrem Opti-Pkt. besser performen?" • „In welchen Situationen hatten oder haben Sie mit Ihrem Opti-Pkt. keine Probleme, stört er nicht?" • „Was können Sie aus diesen positiven (Ausnahme-) Situationen auf Ihr aktuelles Problem übertragen?" • „Wer hat aus Ihrer Sicht keine Probleme in diesem Punkt? Was macht der anders? Was können Sie übernehmen?" • „Wer von Ihren MA oder Kollegen ist in diesem Punkt besser aufgestellt als Sie, so dass er sich als Delegations- oder Tausch-Partner anbietet?" (Was bieten Sie an?) • „Was würde schlimmstenfall passieren, wenn Sie nicht besser werden in diesem Opti-Punkt?" (pers. Kosten?)	
(5) Ein erster kleiner Schritt	
• „Welchen ersten Schritt wollen Sie wann machen?	

Pilot-Projekt - **Perspektive „50 plus"**

Meine Stärken

Bitte schreiben Sie Ihre 10 wichtigsten Stärken auf. Worauf können Sie sich verlassen? Was steht Ihnen auch unter Druck noch zur Verfügung? Welche Ressource können Sie sofort aktivieren?

1.	
2.	
3.	
4.	
5.	
6.	
7.	
8.	
9.	
10.	

Pilot-Projekt - **Perspektive „50 plus"**

Meine Erfolgserlebnisse

Bitte schreiben Sie 10 Erfolgserlebnisse auf, die Sie in den letzten
vier Wochen hatten, oder Vorhaben, die Sie in den letzten
vier Wochen verwirklicht haben.

1.
2.
3.
4.
5.
6.
7.
8.
9.
10.

1.5 Gespräche mit Überraschungs-Gästen und Tages-Feedback

Überblick:

Zum Ende unseres ersten „Q3L-Tages" kommen noch zwei Überraschungs-Gäste aus dem Unternehmen, die ihren individuellen Übergang im 3. Lebenszyklus erfolgreich gestaltet haben. Wir moderieren die Gesprächs- und die Erfahrungsaustausch-Runde und halten die zukunftsweisenden Anregungen auf Flip-Chart fest (siehe S. 75).

Zum Abschluss des Tages bitten wir die Teilnehmer noch um ein Tages-Feedback:

- *„Was hat sich bewährt und sollten wir auch in zukünftigen Workshops beibehalten?"*
- *„Was sollten wir ändern (mehr davon / weniger davon)?"*

Die Teilnehmer-Rückmeldungen zum Gesamtprozess unseres Pilot-Projekts finden Sie auf den Seiten 138 – 139.

Pilot-Projekt - **Perspektive „50 plus"**

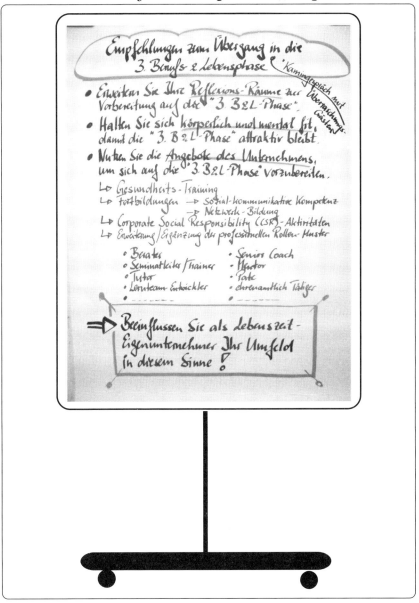

2. Tag

2.1 Beziehungs- und Netzwerk-Entwicklung

Überblick:

Beziehungs- und Netzwerk-Pflege, deren Weiterentwicklung spielen heute eine wichtige Rolle, sowohl im privaten als auch im beruflichen Umfeld. Im 3. Lebenszyklus liegt der Fokus meist auf dem qualitativen Wachstum der bestehenden Kontakte und Beziehungen. Dabei spielt im Privaten sicher das *„Freundschaftskriterium Nr. 1 Vertrauen"* eine zentrale Rolle, im Beruflichen sicher zusätzlich die Faktoren *„Anregungen für die eigene Weiterentwicklung"* und *„Kooperationsmöglichkeiten zum gemeinsamen Nutzen"*.

In unserem Kurs laden wir die Teilnehmer deshalb zunächst zu einem *Vertrauens-Spaziergang* ein. So entstehen innerhalb der Gruppe engere Bindungen, die meist auch über unsere Veranstaltung hinaus tragfähig bleiben können. Wir reflektieren die Erfahrungen aus dem Spaziergang unter den Aspekten Vertrauen, Führung, Kontakte aufbauen, Beziehungs-Pflege. Anschließend erstellen die Teilnehmer eine Analyse ihres bestehenden Netzwerkes, schätzen die Qualität ihrer (beruflichen) Beziehungen ein und überlegen sich, wie sie ihr Netzwerk weiterentwickeln wollen. In einem nächsten Schritt erstellen die Teilnehmer ihr *„Netzwerk-Profil"* (angelehnt an die Kategorien des XING-Netzwerkes) und stellen diese den Kolleginnen und Kollegen in einem *„Marktplatz"* zur Verfügung.

Auf den folgenden Seiten finden Sie:
- Tages-Ablauf „2. Tag"   S. 77
- Grundbotschaft: Sender – Empfänger   S. 78
- Übung: Vertrauens-/Führungs-Spaziergang   S. 79
- Beziehungs- und Netzwerk-Entwicklung (Arbeitsblatt)   S. 80
- „Mein Netzwerk-Profil"   S. 81

Pilot-Projekt - **Perspektive „50 plus"**

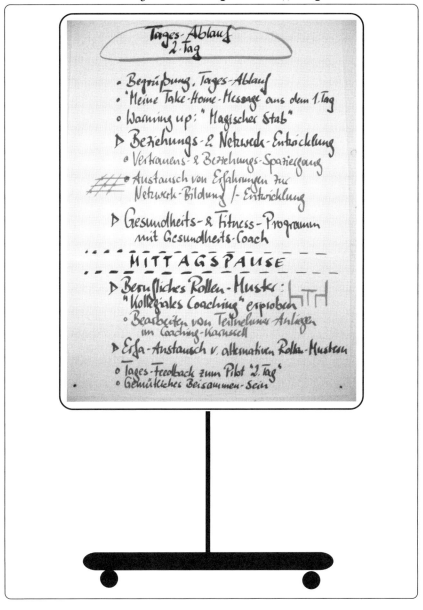

Pilot-Projekt - **Perspektive „50 plus"**

Pilot-Projekt - **Perspektive „50 plus"**
Übung: „Vertrauens-/Führungs-Spaziergang"

- **Vorbereitung/Materialien**
  - Augenbinden oder -klappen für jedes Paar
  - freies Gelände mit einigen „Hindernissen" (Treppen, Bänke, Baumstämme, etc.)

- **Aufgabenstellung**
- „Bildet bitte Paare, vielleicht mit einem Partner, zu dem ihr jetzt schon Vertrauen habt oder den ihr näher kennenlernen möchtet. (Bei ungeraden Zahlen macht einer der Trainer mit) Wir werden die Paare später auch noch tauschen. Jedes Paar bekommt jetzt eine Augenklappe. Einigt euch bitte, w sich zunächst - als „Blinder - führen lässt. Der Geführte setzt dann die Augenklappe auf. Einige kennen diese Übung vielleicht. Es kommt hier darauf an, mit unterschiedlichen Partnern unserer Gruppe in einen Führungsaustausch zu kommen. Die Führenden haben dabei die Aufgabe mit ihrer Geführten dem Weg des Trainers im Gänsemarsch durchs Gelände zu folgen und dabei darauf zu achten, dass ihre „blinden" Partner zum Ziel kommen. Wenn Hindernisse im Weg sind, sollen sie gemeinsam überwunden werden. Wenn sich das Tempo ändert, soll dem möglichst gefolgt werden natürlich ohne Gefährdung des Partners."
- **Erste Führungssituation:**
  „Die erste Führungssituation müsst ihr unter folgenden Bedingungen durchführen:
  Ihr dürft miteinander reden und ihr dürft euch anfassen.
  Sprecht vorher bitte ab, welche Art von Körperkontakt für beide passend ist. Fragt, wie es der Geführte gerne hätte, um die Aufgabe gut zu bewältigen. Macht als Führungskraft ggf. auch Angebote. Gebt immer Rückmeldungen, wenn ihr durch die Praxiserfahrungen Änderungen für günstig erachtet. Die Übung wird ca. 7 Minuten dauern. Gibt es noch Fragen?...Ok, dann geht´s los."
  Einer der Trainer führt die Paare durch das Gelände, einfach beginnend, dann mit immer mehr Herausforderungen (Hindernisse, Geländewechsel, Tempostelgerung, ...)
  „So, wir haben die erste Etappe hinter uns. Ihr könnt die Augenklappen abnehmen. Bitte tauscht eud aus und gebt euren Führungskräften Rückmeldung.
  Was habt ihr als hilfreich und zielführend erlebt?
  Wovon hättet ihr gern noch mehr gehabt? Und wovon ggf. auch weniger?"
  Bitte wechselst jetzt in euren Paaren die Rollen und damit die Augenklappen."
  ....the same procedure...
- **Zweite Führungssituation:**
  „Für eine zweite Aufgabe bitten wir euch, neue Paare zu bilden. Die zweite Führungsaufgabe findet unter folgenden Bedingungen statt:
  Ihr dürft nicht miteinander reden, aber ihr dürft euch weiterhin anfassen.
  Ihr könnt jetzt noch kurz einige wichtige Signale für die nonverbale Führung vereinbaren....So, jetz geht´s los. Wenn nötig, müsst ihr zusätzliche, situationsangemessene Zeichen miteinander vereinbaren. Bitte ab jetzt nicht mehr sprechen."
  ...the same procedure...
- **Dritte Führungssituation:**
  Ihr dürft wieder miteinander reden, aber nicht mehr anfassen.
  ...the same procedure...

Nachdem alle Teilnehmer mit jeweils drei Kollegen relativ enge Führungserfahrung gemacht haber ist die Veränderung des Beziehungsklimas in der Gruppe deutlich spürbar. Mehr Kontakt, mehr Offenheit, mehr Direktheit, mehr spontane Kommunikation, Lockerheit, mehr Lachen.

Pilot-Projekt - Perspektive „50 plus"

Beziehungs- & Netzwerk-Entwicklung

(1) „Beziehungs- & Netzwerk-Analyse":

Setzen Sie bitte Ihren Namen in die Mitte Ihres Beziehungs-Netzwerkes, und zeichnen Sie dann zu jedem Ihrer Kooperationspartner aus Ihrer beruflichen und persönlichen Vergangenheit eine Linie:

- **Kurze** Linien = wichtige Beziehung, hohe Bedeutung, anregende Personen
- **Dicke** Linien = häufige Kontakte

- Beziehungs-Qualitäten: ♡ = sympathisch-vertrauensvolle Beziehung „Ø" = sachlich, neutral
  ↯ = gespannt-konfliktträchtig   ♡↯ = ambivalent („Haß-Liebe")

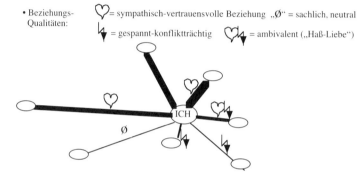

(2) „ABC-Analyse" aller Beziehungen im Netzwerk:

A = wichtige & häufige Kontakte für zukünftige Kooperationen, Projekte u. Entwicklungen
B = wichtig & selten oder häufig & weniger wichtig
C = nicht so wichtig & nicht so häufig

	♡	Ø	↯	♡↯
A1				
A2				
B				
C				

Beziehungsklärung und -Verbesserung

(3) „Visionen" zu Entwicklungen mit wichtigen Netzwerkpartnern:

Bitte schreiben Sie für jeden der wichtigen und sympathischen Netzwerkpartner auf,
- was seine für Sie vorbildlichen Qualitäten sind, die Sie auch bei sich stärken wollen.
- welches attraktive Projekt mit diesem Partner vorstellbar ist.
- welche Fähigkeiten von einem unsympathischen Partner für Sie zukünftig nützlich sein könnte
- welche Kontakte Ihrer Netzwerk-Partner auch für Sie interessant seinen könnten.
- mit wem Sie den Kontakt vertiefen wollen.

(4) „Nächste Schritte" zur Netzwerk-Entwicklung:

Überlegen Sie sich konkrete Maßnahmen:
- Was wollen Sie einbringen?
- Wann wollen Sie aktiv werden?

Pilot-Projekt - **Perspektive „50 plus"**

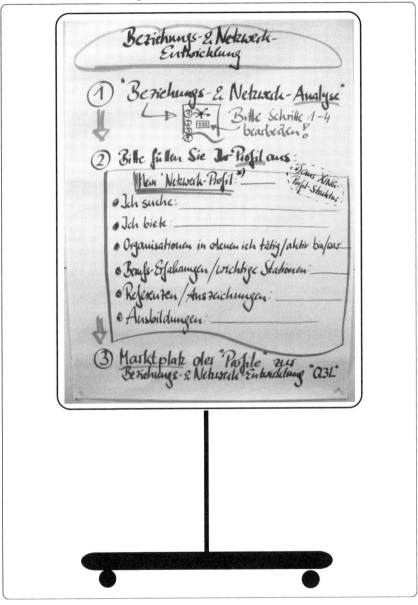

2.2 Gesundheit & Fitness, Arbeitsbelastung & Stress

Überblick:

Nach einer kurzen Einführung in das Thema: Gesundheit, Fitness, Arbeitsbelastung und Stress übergeben wir Trainer das Staffelholz an einen Fitness- und Gesundheits-Coach, der für unseren Auftraggeber im Betrieblichen Gesundheitsmanagement interne Veranstaltungen durchführt. Die Teilnehmer erhalten hier Informationen und Anregungen zur Gesundheitsvorsorge und lernen praktische Fitness-Übungen kennen, die sich im (Büro-) Alltag durchführen lassen:

- Lebens-Prioritäten   S. 83
- Orientierungskonzepte für Eigenentwicklung
  und Selbstmanagement „Work-Life-Balance"   S. 84
- Was mir Spaß macht   S. 85
- Fehlkonstruktion Mensch   S. 86
- „Wer lassen kann, wird gelassen"   S. 87
- Jobsorgen verursachen Milliardenkosten   S. 88
- Stress- und Burn-out-Gefahren auf dem
  Karriereweg   S. 89

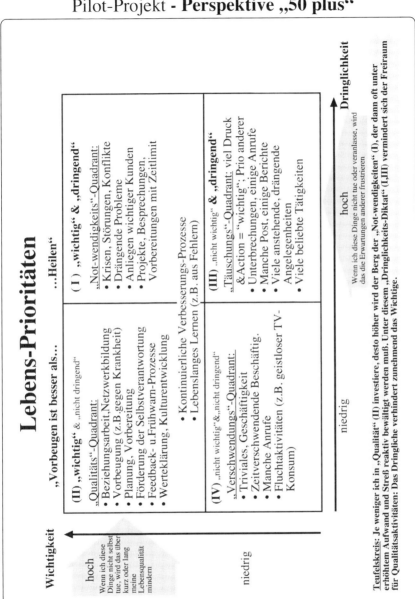

Pilot-Projekt - **Perspektive „50 plus"**

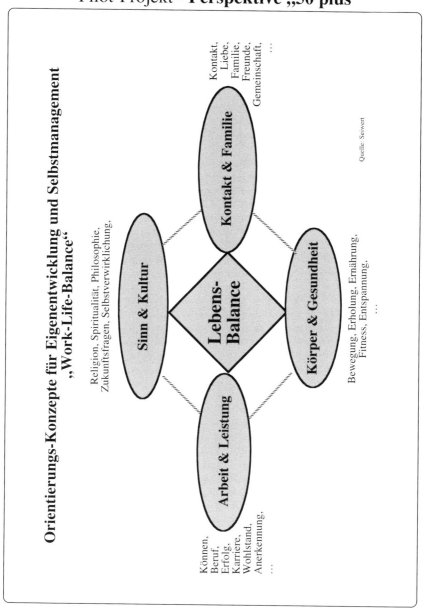

Pilot-Projekt - Perspektive „50 plus"

Was mir Spaß macht

Bitte schreiben Sie 10 Dinge auf, die Ihnen Spaß machen, die Sie gerne tun, mit denen Sie gerne Ihre Zeit verbringen, wobei Sie gut entspannen können....

1.
2.
3.
4.
5.
6.
7.
8.
9.
10.

Pilot-Projekt - Perspektive „50 plus"

Pilot-Projekt - Perspektive „50 plus"

Titel

„Wer lassen kann, wird gelassen"

Der Wuppertaler Psychotherapeut, Ehe- und Familienberater Reinhold Ruthe über Freude an kleinen Fehlern und Zufriedenheit am Mittelmaß

Psychologen sagen, der Mensch soll sich Ziele setzen. Das Ziel, perfekt zu sein, klingt doch gar nicht mal so schlecht.

Das Ziel, eine Arbeit perfekt zu erledigen, ist ja in Ordnung. Problematisch wird es, wenn Menschen durch und durch perfekt sein wollen. Und nach diesem Prinzip leben: Alles oder nichts. Entweder ist das Ergebnis optimal – oder es ist gar nichts mehr wert. Das nenne ich Perfektionismus. Wer in diese Falle tritt, wird zwangsläufig unglücklich. Er scheitert an seinen eigenen Ansprüchen. So sieht die Realität doch aus: Niemand kann es schaffen, immer toll auszusehen. Zu jeder Partnerschaft gehören Streit und Enttäuschung. Und jeder Mensch macht Fehler. Das geht gar nicht anders. Und es macht das Leben sogar reicher.

Sie unterscheiden introvertierte und extrovertierte Perfektionisten.

Den Introvertierten geht es immer vor allem um die Sache. Wenn die einen Schrank zimmern, dann darf da aber auch kein Schräubchen wackeln. Sonst sind sie extrem unzufrieden mit sich selbst. Die Extrovertierten sind geradezu süchtig nach dem Zuspruch, dem Applaus der anderen. Beide eint, dass sie im Grunde an Minderwertigkeitsgefühlen leiden. Sie haben diese Formel im Kopf: „Ich muss mich wahnsinnig anstrengen. Ich darf nie locker lassen. Ich bin eigentlich nicht gut genug."

Was hat jemand davon, sich mit Mittelmaß zu begnügen?

Zufriedenheit! Ich habe früher als Lehrer gearbeitet. Da war meine Auffassung: Eine Drei ist doch prima. Das ist in der Mitte. Befriedigend hat viel mit Zufriedenheit zu tun. Besser, man gibt sich mit weniger zufrieden, als sich mit ungeheurem Stress immer zu verbiegen. Das, was man tut, sollte man mit Leidenschaft und Hingabe tun, darauf kommt es an. Neulich war eine Dame in meiner Praxis. Sie hatte eine Führungsposition übernommen, ihr Chef hatte sie dazu motiviert. Als dieser Chef in Ruhestand ging, bekam sie große Probleme mit sich selbst. Da war plötzlich keiner mehr, mit dem sie ihre Ideen absprechen konnte, der ihr Sicherheit gab. Der Druck war immens: Jetzt musste sie ohne doppeltes Netz Entscheidungen fällen. Und da sie mit sich selbst nie zufrieden war, fühlte sie sich total überfordert. Für sie war die beste Lösung, eine weniger anspruchsvolle Stelle zu übernehmen. Jetzt hat sie zwar ein paar Tausender weniger auf dem Konto – aber ihr Leben ist wieder im Lot.

Woher kommt dieser hohe Anspruch an sich selbst?

Wir leben in einer Welt, in der uns überall Höchstleistung begegnet. Eltern gelingt es oft nicht, ihren Kindern ein gesundes Selbstbewusstsein zu vermitteln. Entweder sie verwöhnen ihre Kinder – und die finden sehr früh schon, dass ihnen immer nur das Beste zusteht. Oder die Eltern sind extrem ehrgeizig, vermitteln früh die Botschaft: „Wir lieben dich, wenn du etwas Großartiges leistest." Wenn die Kinder dann selbst erwachsen sind, gelingt es ihnen nicht, mit Schwächen zu leben: Alles muss topp sein, sie kommen nicht mit Bedingungen klar, die nicht irre toll, zu 100 Prozent erfüllt sind. Das sind Ruhelose – für alle Beteiligten furchtbar anstrengend.

Wie kann es gelingen, weniger anspruchsvoll zu werden?

Wer lassen kann, wird gelassen. Alte Regel, aber sie stimmt. Ich sage zu meinen Patienten: Gestehen Sie sich und anderen zu, nicht vollkommen zu sein! Sagen Sie sich wie ein Mantra: „Ich bin gut genug." Und entwickeln Sie eine Grundhaltung von Dankbarkeit, statt die Ansprüche immer höher zu schrauben. Wer ständig mehr will – im Job, vom Partner, von den Kindern, von sich selbst –, wird eines Tages ausgebrannt und innerlich leer sein. Er steht dann vor der Erkenntnis: Perfektion gibt es gar nicht. Und das, was ein kleines bisschen fehlerhaft daherkommt, bereitet sowieso viel mehr Lebensfreude.

Interview: Nina Poelchau

> „Was man tut, sollte man mit Leidenschaft und Hingabe tun, darauf kommt es an"

Pilot-Projekt - Perspektive „50 plus"

Jobsorgen verursachen Milliardenkosten

HAMBURG/BERLIN – Fast jeder zweite Arbeitnehmer sieht seine Leistungsfähigkeit am Arbeitsplatz deutlich eingeschränkt. In einer repräsentativen Studie des Fürstenberg Instituts geben 63 Prozent der Befragten an, dass ihre Leistungen im Job um mindestens ein Viertel reduziert seien. Bezogen auf alle Beschäftigten entspricht dies einer Leistungsminderung von 15 Prozent. Das Hamburgische WeltWirtschaftsInstitut beziffert die daraus resultierenden Kosten für die Arbeitgeber auf insgesamt 262 Milliarden Euro.

Als Hauptgrund der Leistungsminderung nennen knapp 60 Prozent der Befragten Probleme am Arbeitsplatz. Sie leiden unter mangelnder Wertschätzung, Stress und Erschöpfung. Jeder Zweite gibt psychische Belastungen an, ebenso viele körperliche Beschwerden. Etwa 41 Prozent führen ihre Probleme auf private Sorgen zurück, sagte Geschäftsführer Werner Fürstenberg.

Unterdessen ist jeder zweite Arbeitnehmer in Deutschland zudem von Schlafproblemen betroffen. Fast 40 Prozent dieser rund 20 Millionen Menschen sehen besonderen Stress und Belastungen als Hauptursache, geht aus dem Gesundheitsreport 2010 der Krankenkasse DAK hervor, für den 3000 Arbeitnehmer befragt wurden. Auslöser seien oft Konflikte am Arbeitsplatz, die sich wegen der Wirtschaftskrise verstärkt hätten.

Jeder Vierte grübelt nachts über Ängste und Sorgen. Schichtarbeit und Jobs nach 20 Uhr plagen jeden fünften Befragten bei der Nachtruhe. „Durch immer flexiblere Arbeitszeiten kommen viele nachts nicht mehr zur Ruhe", sagte DAK-Chef Herbert Rebscher. Knapp zehn Prozent leiden unter schweren Schlafstörungen: Sie schlafen mehr als dreimal pro Woche schlecht und quälen sich übermüdet durch fast jeden Arbeitstag.

(bk/HA) 10.02.2010

Pilot-Projekt - **Perspektive „50 plus"**

Stress- und Burn out-Gefahren auf dem Karriereweg

Burnout war lange Zeit ein Tabuthema, bis Spitzensportler das Tabu brachen: Es trifft nämlich meistens die besonders Engagierten, eine Gruppe von Leistungsträgern, die alles – zuviel des Guten – geben und die inneren Dis-Stress-Signale an sich selbst nicht recht wahr- oder ernst nehmen. Sie wollen es allen Recht machen, keinen enttäuschen; wollen nach außen Stärke, Härte und Belastbarkeit zeigen, um sich für die Karriere zu empfehlen. Oft treibt sie auch ein starkes Perfektionsstreben, was zwangsläufig zu häufigen Unvollkommenheitsgefühlen führt. – Helfen tut nur eine konsequente Neubalancierung der eigenen Aktivitäten in Richtung der Gegenpole: regelmäßiger Entspannungs- und Rückzugsphasen, die sozial weicheren Seiten leben (z.B. Annehmen sozialer Unterstützung), auf Perfektion verzichten (z.B. Delegation von Aufgaben) und Gesundheitsprävention durch körperliche Bewegung, und gesunde Ernährung...

„Stop"-Signale nach außen setzen – ggf. auch unter Verzicht auf den nächsten Karriereschritt.

Stärke von Dis-Stress und Burnout

Phase 1: Der Erfolg beflügelt den Leistungswillen in Richtung „zuviel des Guten":
Wenn die Karriere steil nach oben weist, ist oft keine Zeit mehr für Regeneration oder Entschleunigung – und scheinbar auch kein Bedarf.

Phase 2: Der Stress macht sich erstmals bemerkbar:
Die Energiereserven werden verbraucht, der „Akku" nicht wieder aufgeladen. Der Stress macht sich in Rückenschmerzen, Schlafproblemen oder Muskelverspannungen bemerkbar. Der Spaß an der Arbeit lässt nach, das eigene Perfektionsstreben nicht.

Phase 3: Härte gegen sich selbst soll die alte Leistung wiederbringen:
Versuche scheitern, dem Stress mit mehr Sport oder gesunderem Essen beizukommen. Der innere Druck steigt. Noch mehr Härte gegen sich selbst soll helfen, den eigenen Ansprüchen gerecht zu werden. Ratschläge von Freunden, doch kürzer zu treten, werden als Kritik empfunden und abgelehnt.

Phase 4: Das Tempo nimmt noch einmal zu:
Der Betroffene arbeitet noch länger, übernimmt noch mehr Projekte, nimmt Arbeit mit nach Hause. Er mobilisiert die letzten Reserven, doch seine Konzentration lässt nach. Er macht häufiger Fehler. Seine Versagensängste steigen, sein Selbstwertgefühl sinkt. Erschöpfungssymptome wie Herzrasen, Schlafprobleme oder Tinnitus können auftreten.

Phase 5: Psyche und Körper machen nicht mehr mit:
Der Endpunkt ist das Burnout-Syndrom. Die Leistungsfähigkeit bricht zusammen. Die Arbeitsfähigkeit kann für Monate eingeschränkt sein. Oft ist eine Behandlung im Krankenhaus unumgänglich. Psychopharmaka können die Symptome meist schnell behandeln, aber damit nicht überwunden. Depressionen und Selbstmordgefährdung sind nicht auszuschließen.

Erste Warnzeichen …emot. Reaktionen… psychosomat. Reaktionen… Zusammenbruch

Typische Phasen im Burnout-Prozess über Monate bis Jahre

Quelle: Fittkau

2.3 Neues berufliches Rollen-Muster erproben: Kollegiales Coaching

Überblick:
Gespräche mit Führungskräften, die sich im 3. Lebenszyklus befinden und sich Gedanken über ihre berufliche Performance-Entwicklung machen, zeigen, dass viele sich einen Rollenwechsel vom Manager hin zum Berater, Coach, Mentor vorstellen können. Für diesen Übergang gibt es in Unternehmen bislang kaum passende PE-Konzepte. In unserer Veranstaltung bieten wir den Teilnehmern einen entsprechenden Lern- und Erfahrungsraum, die *Rolle des Coach* zu erproben.

Der Begriff „Coaching" ist heute in vieler Munde und kann recht unterschiedliches meinen. Wir führen unser Coaching-Tool als Methode ein, einen Kooperationspartner (Mitarbeiter, Kollegen, Kunden) bei der Lösung eines Problems zu unterstützen, eine Form der *„Hilfe zur Selbsthilfe"*. Wir betonen, dass es zwar möglich und in Ausnahmefällen auch sinnvoll sein kann, die Rolle des Coaches als Lösungs-Experte auszufüllen und sofort ein eigenes Lösungsangebot zu machen und einen „guten Rat" zu geben. Aber auch sachlich berechtigte und gut gemeinte Ratschläge erweisen sich in vielen Fällen als „Schläge" mit ungünstigen Auswirkungen.

Wir laden die Teilnehmer ein zunächst bei einem Interview-Spaziergang ihr „50 plus-Anliegen" zu konkretisieren. Die „Anliegen" sollen in einer gleichermaßen vertrauensvollen wie anregenden Atmosphäre „geboren" werden, damit sich die Teilnehmer wirklich mit ihrer aktuellen Situation auseinandersetzen. Diese Situation kann für die Teilnehmer in mancher Hinsicht als heikel erlebt werden. Allein schon, dass ich meine berufliche Situation offenbare, die in den Augen der Kollegen mögliche Schwächen und Defizite aufweisen kann. – Die Teilnehmer wählen sich für den „Spaziergang" einen Interviewpartner aus, zu dem sie Vertrauen haben und mit dem sie gerne ihr „Anliegen/Fall" entwickeln möchten. Nach dem kollegialen Interview skizzieren die Teilnehmer ihr Anliegen zur weiteren

Bearbeitung als „Fall-Portait" auf ein Flipchart. Unser *Kurzzeit-Coaching-Konzept* orientiert sich an einem dreiphasigen Problemlöse-Prozess, der einsichtig und praktikabel ist und den Prinzipien des Lösungsorientierten Beratungsansatzes folgt.

1. Phase: Vertrauenssicherung durch Problemverständnis und Zielklärung
2. Phase: Perspektivenerweiterung und Ressourcenaktivierung
3. Phase: Lösungsideen entwickeln und Mut zur Umsetzung machen

Folgende Unterlagen geben Ihnen hier einen Einblick in unsere Arbeit:

- „Coaching"-Leitsätz   S. 92
- Wichtige Ethik-Aspekte im Coaching   S. 93
- Unser Fall-Bearbeitungs-/
  Kollegialer Coaching-Prozess   S. 94
- Vier-perspektifische Fall-Analyse   S. 95
- Kollegiales Coaching im Trainings-Karussell   S. 96
- „Pacing"-„Leading"-Balance im
  Kommunikations- und Führungsprozess   S. 97
- Kollegiales Coaching in 3 Phasen   S. 98
- Coaching-Leitfaden   S. 99
- Kurz-Feedback an den Coach   S. 100

Pilot-Projekt - Perspektive „50 plus"

„Coaching" - Leitsätze

„Gibst Du den Menschen einen Fisch,
ernähren sie sich einmal,
lehrst Du sie das Fischen,
ernähren sie sich ewig"
(Chinesische Weisheit)

„Du kannst keinen Menschen
etwas lehren.
Du kannst ihm nur helfen,
es in sich zu entdecken"
(Galileo Galilei)

„Menschen sind unbelehrbar -
aber lernfähig"

„Wer aufhört zu lernen,
hört auf zu leben"

„Coaching" =
Herausfordernde Hilfe
zur Selbsthilfe:
Dem anderen helfen, sein Problem
eigenständig zu lösen

„Karriere ist konstantes Lernen"
(Andrew Grove, Intel-Chef)

Pilot-Projekt - **Perspektive „50 plus"**

*Wichtige Ethik-Aspekte im Coaching**)

• *Sinn und Zweck des Coachings sind die Bedürfnisse des Kunden (Gecoachten, Coachée).*

• *Coaching beruht auf Freiwilligkeit und Freiheit den Coach zu wählen.*

• *Coaching ist eine Arbeitsbeziehung auf Zeit und keine Dauerregelung.*

• *Die Coaching-Beziehung ist auf Vertrauen aufgebaut und nicht auf Abhängigkeit und Druck.*

• *Zwischen den Coaching-Partnern besteht eine klare Beziehungsgestalt und beiderseitiges Bewußtsein der Rollen und keine Vermengung oder mehrfache, sich widersprechende Rollenbeziehungen.*

• *Der Gecoachte ist für sich, sein Lernen und sein Handeln selbst verantwortlich, der Coach trifft keine Entscheidungen für ihn.*

• *Der Coach informiert seinen Coaching-Kunden über Philosophie, theoretischen Hintergrund, Qualifikationen bzw. einzusetzende Methoden.*

• *Der Coach beachtet und hält sich an vereinbarte Rahmenbedingungen des Coachings, er lässt sich jedoch nicht auf für den Kunden wie für ihn unzumutbare, ethischen Grundsätzen widersprechende Vorgaben ein.*

• *Der Coach hält Informationen aus dem Coaching zurück, da sie vertraulich sind und gibt gegenüber keiner dritten Person oder Medien diese Informationen bekannt. Das Stillschweigen gilt auch für die Zeit nach dem Coaching (Ausnahmen davon müssen klar geregelt sein und bedürfen beidseitiger Zustimmung).*

• *Der Coach initiiert einen klaren Vertrag, in dem Honorare, Spesen, Zeitsituation, Abschluss bzw. Ausstieg, Evaluation und Verantwortlichkeiten im Vorhinein geregelt werden.*

*) *in Anlehnung an den „Code of Ethics and Practice" der Brit*ish Association of Counselling, *1988, zusammengestellt.*

Pilot-Projekt - **Perspektive „50 plus"**

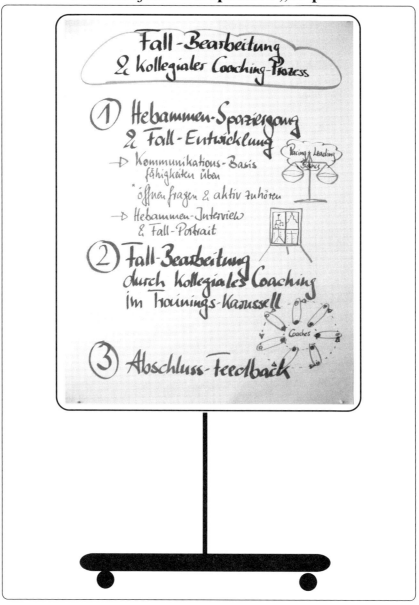

Pilot-Projekt - **Perspektive „50 plus"**
Vier-perspektivische Fall-Analyse

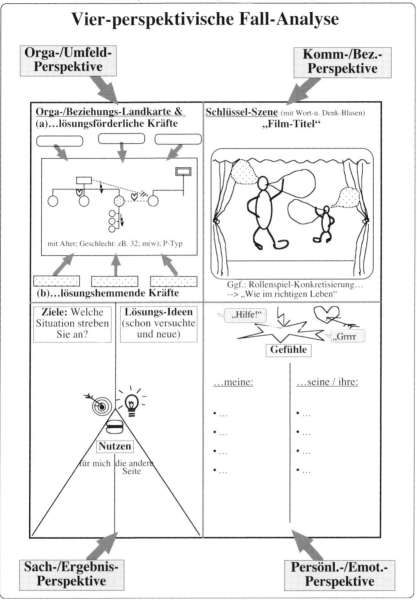

Pilot-Projekt - Perspektive „50 plus"

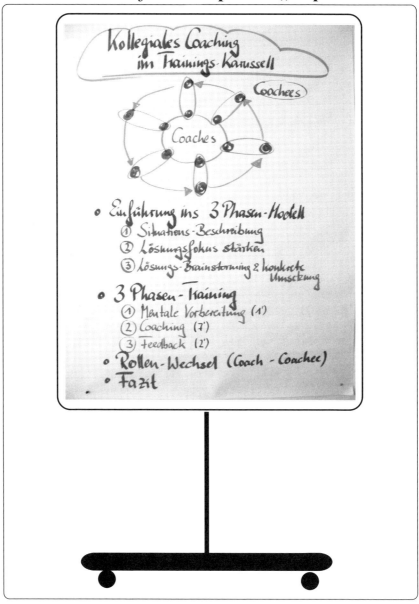

Pilot-Projekt - **Perspektive „50 plus"**

„Pacing" - "Leading" - Balance im Kommunikations- und Führungsprozess

„Vertrauen ist der Anfang von allem…" …Zielerreichung und pers. Entwicklung die Ziele"

…und ihn einzuladen, die gemeinsamen Ziele erfolgversprechend zu verfolgen.

„Leading" (durch Offenes Fragen)
- Die FK bemüht sich, den MA zu neuen Zielen und Wegen einzuladen und zu bewegen
- ihm neuen Mut zu machen, seine Aufgaben in die Hand zu nehmen und ggf. neu zu gestalten
- ihn neugierig zu machen auf erste zielführende Schritte
- ihn zu einer zielführenden Sicht der Dinge zu bewegen
- ihm einen positiven Glauben an sich selbst zu vermitteln
- ihn zu neuen Haltungen, Verhaltensweisen zu ermuntern
- ………

Den MA da abholen, wo er steht…

„Pacing" (durch Aktives Zuhören)
- Die FK bemüht sich, eine positive Vertrauens- und Kommunikationsbasis zum MA herzustellen
- sich in die Welt des MA empathisch einzufühlen
- koppelt sich an ihn an, stimmt sich auf ihn ein
- bemüht sich, ihn zu verstehen
- spiegelt ihn nonverbal (Körperhaltung, Atemrhythmus) …
- akzeptiert ihn als eigenständig Person,
- geht auf ihn zu und ein
- ist neugierig auf seine Sicht der Dinge
- ………

Pilot-Projekt - Perspektive „50 plus"

Kollegiales Coaching:
„Hilfe zur Selbsthilfe" in 3 Phasen der Problemlösung

	WAS? WOZU?	**WIE?**
①	Vertrauen sichern & Thema klären	Öffnend fragen & Aktiv zuhören
②	Perspektive erweitern & lösungsorientierte Neufokussierung	Lösungsorientiert und zirkulär fragen & Hypothesen u. Feedback anbieten
③	Lösungen suchen & Mut zur Umsetzung machen	Brainstorming & Aktionsplanung

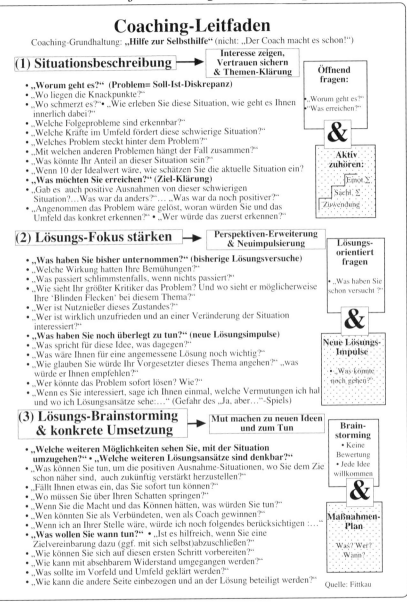

Pilot-Projekt - Perspektive „50 plus"

3. Tag

3.1 Sinnstiftende, persönliche Zukunfts-Impulse

Überblick:
Nach einem Impuls-Vortrag erhalten die Teilnehmer einige Selbst-Einschätzungs-Bögen (z.B. „Sechs Säulen der Identität", „Wenn ich an meine Zukunft denke ...", „Lebensziele & Werte"), die es ihnen ermöglichen ihre Aufmerksamkeit auf wesentliche Aspekte wichtiger Zukunfts-Fragen zu lenken. Nachdem jeder seine Selbst-Reflexion durchgeführt hat, laden wir die Teilnehmer zu einem Partner-Interview ein. Der Interview-Leitfaden „Berufliche Veränderung und –Entwicklung" ist hierfür eine Unterstützung. Ziel der Interview-Gespräche ist die anschließende Konkretisierung der persönlichen Entwicklungs-Projekte (PEP) (siehe S. 114 ff). Die Teilnehmer sollen in den 6 Monaten bis zum Follow Up mit Hilfe kollegialer Coach-Begleitung ihre PEP´s bearbeiten und Erfahrungen sammeln.

In diesem Kapitel finden Sie folgende Handouts:
- Tages-Ablauf 3. Tag   S. 102
- Impuls-Vortrag: Veränderungs-Prozesse –
  Die menschliche Dimension   S. 103 - 107
- Neurobiologisch-psychologische Muster bei
  Veränderungsprozessen   S. 108
- Sechs Säulen der Identität   S. 109
- Wenn ich an die Zukunft denke ...   S. 110
- Persönliche Lebens-Ziele & -Werte   S. 111
- „Wir haben die Wahl ..."   S. 112
- „Schwächen schwächen"   S. 113

Pilot-Projekt - **Perspektive „50 plus"**

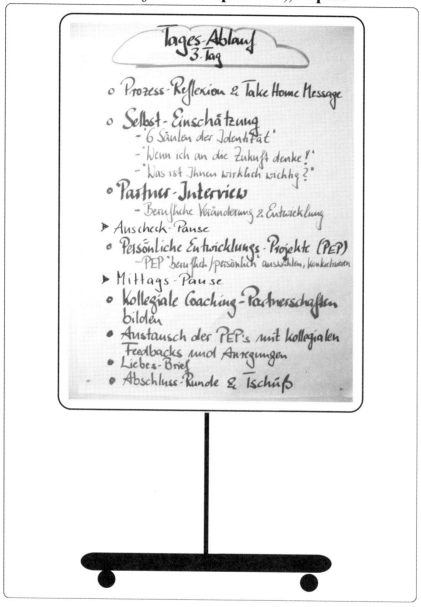

Pilot-Projekt - **Perspektive „50 plus"**

Veränderungs-Prozesse
- die menschliche Dimension
von Prof. Dr. Bernd Fittkau

Neue Formen der Veränderungsprozesse von Unternehmen
Erfolgreiche Unternehmen sind deshalb erfolgreich geworden und geblieben, weil sie notwendige Schritte zur Steigerung ihrer Wettbewerbsfähigkeit im Laufe ihrer Firmengeschichte situationsangemessen realisiert haben (Wachstum, technologische Neuerungen, Produktinnovationen, Qualitäts-, Kosten-, Serviceorientierung, etc...). Diese Veränderungen lösten bei vielen Mitarbeitern immer Irritationen, Verunsicherungen, Widerstände bis hin zu Streiks oder Aufständen aus (wie beispielsweise die Weber-Aufstände bei Einführung der Webmaschinen). In der Regel konnten diese wettbewerbsorientierten Anpassungsprozesse an neue technologische Möglichkeiten mit den klassischen Mitteln der Umorganisation bewältigt und in eine neue Phase relativ stabiler Zusammenarbeit überführt werden.

Durch Globalisierung und Deregulierung des internationalen Wettbewerbs nimmt der Veränderungsdruck zu und damit auch die Risikobereitschaft, traditionell ungewöhnliche Wege zur Steigerung einer zukunftsorientierten Wettbewerbsfähigkeit zu gehen.

Spätestens seit der friedlichen „Fusion" der beiden deutschen Staaten 1989 steigt auch die Zahl der Firmenfusionen. Andere traditionell eher ungewöhnliche Formen der Kooperation sind „strategische Allianzen" mit Wettbewerbern, Lieferanten, Kunden. Damit Unternehmen ihre Wettbewerbsfähigkeit durch die damit neu geschaffenen Potentiale (Marktpotentiale, Ressourcen, Synergien) steigern können, müssen die Mitarbeiter diese Chance erkennen und praktisch umsetzen. Menschen sind aber keine „trivialen Maschinen", die allein nach zweckrationalen Programmen funktionieren. Sie haben einen „eigenen Willen", manchmal auch nur Widerwillen z.B. gegen solche Veränderungen, besonders wenn sie das Gefühl haben, sie sind lediglich Befehlsempfänger und werden nicht gefragt.

Vom Umgang mit „gesundem Misstrauen"
Alle Menschen aber haben einen evolutionär nützlichen Überlebensinstinkt für Risiken und potentielle Bedrohungen, der sich in Ängsten, „gesundem Misstrauen", hinhaltendem Widerstand, festhalten am Bekannten und Sicheren äussert. Durch die aktuellen Krisen im finanzwirtschaftlichen System wird dieses Misstrauen nachvollziehbar verstärkt. – In allen Situationen der Veränderung wird dieser emotionale Instir in besonderer Weise aktiviert.

Führungskräfte als Promotoren des Wandels verhalten sich in solchen Situationen normalerweise so, wie es ihr Rollenauftrag ihnen nahelegt: Sie führen (geben Ziele vor, überzeugen, begeistern, machen Druck etc.) – und das ist gut so. Denn „Leading" ist ein wichtiger Teil des Führungsprozesses.

Von (Direkt-) Verkäufern, die davon leben, dass sie andere zum Kauf überzeugen, habe ich gelernt, dass „Leading" aber erst an zweiter Stelle erfolgreich ist.

Was kommt an „erster Stelle"?

103

Pilot-Projekt - Perspektive „50 plus"

...die menschliche Dimension (2) ...

Erst „Pacing" dann „Leading"

Verkäufer sagen: „Ich muss immer zuerst auf den Kunden eingehen. Muss mitbekommen, wie es ihm geht. Ich muss ihn da abholen, wo er sich gerade befindet. Erst wenn ich auf ihn zugegangen bin und ihn in seiner Situation (z.b. kein aktuelles Interesse am Kauf) gewürdigt habe, kann ich erwarten, dass er auch mich und meine Angebote würdigen kann.

Diesen ersten Teil eines erfolgreichen Kommunikations- und Verkaufsprozesses kann man „Pacing" nennen. „Pacing" heisst „mitgehen" - „ankoppeln" - „Verständnis entwickeln" - „mich auf den anderen einstellen", „eine gemeinsame Ja-Haltung herstellen".

Was im Verkaufsgeschäft heute fast selbstverständliches Erfahrungswissen ist, gewinnt zunehmend auch im Führungsgeschäft an Bedeutung. Denn erfolgreiche Führungskräfte in Veränderungsprozessen müssen in immer kürzerer Zeit ihre Mitarbeiter, Kollegen, internen und externen Kunden und Lieferanten für neue „Kooperations-Angebote" öffnen und sie zum „Kauf" gewinnen - oft in emotional ähnlich schwierigen Situationen, wie sie Verkäufer tagtäglich gegenüber ihren Kunden erleben.

Was ist nun konkret die Botschaft des „Pacings" - als Voraussetzung für erfolgreiches „Leading" - in Veränderungsprozessen? Der bekannte US-amerikanische Managementberater K. Blanchard („Die 6 Stufen des Bedenkens im Veränderungsprozess") hat dazu wichtige Fragen und Bedenken der Mitarbeiter im Veränderungsprozess genannt. Dabei können die ersten drei Schritte primär dem „Pacing" zugeordnet werden – erst danach kommen die „Leading"-Schritte (4) bis (6).

(1) Das sachliche Informationsbedürfnis befriedigen

Es ist wichtig, die Mitarbeiter zu informieren und klare Antworten auf die Frage „Was geschieht?" zu geben. (Die Ohren der Mitarbeiter sind meist noch nicht offen für Antworten auf die Frage: „Was sind die Vorteile und Ziele der Veränderung?" - das gehört zum Leading, kommt also erst im zweiten Teil). Oft wird versucht, mit Hilfe von „Geheimniskrämer"-Strategien „bloss keine schlafenden Hunde" zu wecken. Dadurch entsteht meist nichts anderes als ein Sumpf in der ohnehin brodelnden Gerüchteküche. Die Mitarbeiter „schlafen" nicht und fühlen sich „als Hunde" nicht sonderlich gewürdigt. Es geht darum, das Informationsbedürfnis der Mitarbeiter zu befriedigen, damit sie sich als Betroffene sachlich informiert fühlen, damit sie mitreden können und nicht ihre Nachbarn aus der Presse besser informiert sind als die Insider. Informationsveranstaltungen, auf denen genügend Zeit für Fragen und Antworten möglich sind, sind ein Weg.

(2) Persönliche Bedenken, Unsicherheiten, Befürchtungen, Fragen aufnehmen und ernstnehmen

Natürlich wird man sich bei solchen Veranstaltungen nicht nur auf das sachliche Informations-Bedürfnis der Mitarbeiter einstellen müssen, sondern es werden schnell auch die persönliche Bedenken und Fragen der Mitarbeiter hochkommen: "Wie betrifft mich persönlich die geplante Veränderung?" Fragen, auf die man als Führungskraft ehrlicherweise keine abschliessenden Antworten geben kann. Hier macht den Führungskräften das omnipotente Erwartungsmuster des traditionellen Führungsrolle zu schaffen: „Eine Führungskraft, diekeine abschliessenden Antworten geben kann, ist eine schwache Führungskraft - jedenfalls keine glänzende." Und wer will nicht glänzen? Gerade in Situationen, in denen ja auch die Führungskräfte selbst nicht sicher sind, was aus ihnen nach der Veränderung wird. Sie beschäftigen oft ähnliche Fragen wie die Mitarbeiter:

Pilot-Projekt - **Perspektive „50 plus"**

...die menschliche Dimension (3) ...
- "Wie wirkt sich die Veränderung auf mich und meinen Job aus?"
- "Werde ich mein jetziges Arbeitsfeld behalten?"
- "Muss ich zukünftig mehr leisten?"
- "Was muss ich zukünftig zusätzlich können?"
- "Werde ich gut dastehen - während und nach der Veränderung?"
- "Wie kann ich eine gute Figur machen?"
- "Werde ich zu den „Veränderungs-Gewinnern" oder „-Verlierern" gehören?"
- "Gibt es Workshops, in denen die neuen Erfordernisse vermittelt werden?"
- "Was kann ich tun, um auch zukünftig erfolgreich zu sein?" usw.

Es ist aus unserer Erfahrung für (insbesondere männliche) Führungskräfte allgemein nicht leicht, mit solchen emotional und persönliche gefärbten Fragen umzugehen. Hier kommt noch erschwerend hinzu, dass es zu den meisten Fragen keine gesicherten Antworten gibt. Die Führungskräfte fühlen zurecht, dass sie am Anfang eines Veränderungsprozesses mit relativ leeren Händen dastehen: Sie haben hochgesteckte Visionen, Ziele, Erwartungen, Hoffnungen und bestenfalls die Erfahrung, ähnliche Situationen in der Vergangenheit schon bewältigt zu haben.

Was kann man in solchen emotional eher unangenehmen Situationen tun? Die Antwort ist einfach: Zur "Wahrheit der Situation" stehen. Das kann konkret etwa so klingen:
1. Ihre persönlichen Fragen zur geplanten Veränderung sind vollkommen berechtigt. Viele davon teile ich.
2. Ich würde Ihnen und mir selbst gerne diese Fragen beantworten, damit wieder mehr Sicherheit entstehen kann.
3. Leider kann ich diese Fragen zum grössten Teil im augenblicklichen Stadium des Veränderungsprozesses nicht befriedigend beantworten.
4. Das einzige, was ich Ihnen und mir selbst sagen kann ist, dass wir in der Vergangenheit schon ähnliche Situationen bewältigt haben. Wir mussten gemeinsam lernen, die Chancen der neuen Situation sehen und nutzen zu können. Und das ist nicht immer einfach.
5. Was ich Ihnen zusagen kann ist, dass wir Ihre Fragen bei den anstehenden Veränderungen sehr ernst nehmen.
6. Wir werden Sie mit besten Kräften dabei unterstützen (mit Workshops, Schulungen, etc.), damit wir die neue Situation für Sie und unser neues Unternehmen zu einer gemeinsamen Gewinn-Chance machen können.
Diese Antworten sind nicht befriedigend, aber ehrlich. Damit können sie ein Baustein sein für den dringend nötigen Vertrauensbildungsprozess.

(3) Informationen über die Steuerung des Veränderungsprozesses geben
Bei den Informationsveranstaltungen können auch erste Fragen zur Umsetzung des Veränderungsprozesses gestellt werden:

- "Wer organisiert die Veränderungen?"
- "Wie wird die Veränderung gesteuert?"
- "Wann wird wo, wie mit wem begonnen, erste Schritte zu implementieren?"
- .....

Pilot-Projekt - Perspektive „50 plus"

...die menschliche Dimension (4) ...

Gut ist es, wenn hier ein erster grober, vorläufiger und prozessoffener Veränderungs-Projekt-Plan und ein gemischt besetzter Steuerkreis bzw. Lenkungsausschuss präsentiert werden kann. Für verunsicherte Menschen ist es meist eine seelische Entlastung, wenn sie sich an einem vorläufigen Plan orientieren können.

Erst nachdem die Führungskräfte eines Unternehmens diese drei Stufen, die die Bedenken der Mitarbeiter berücksichtigen und aufnehmen, glaubwürdig realisiert haben, dh. Verständnis gezeigt haben für die Bedenken und Fragen der Mitarbeiter, werden die Mitarbeiter ihrerseits Verständnis aufbringen für die Interessen der Unternehmensführung, nämlich die Chancen der Veränderung zu sehen und ihre Vorteile zu realisieren.

Noch einmal das Wissen der Verkäufer: "Erst nachdem ich einen Kunden ernstgenommen habe, ist er bereit, auch mich und mein Angebot ernst zu nehmen."

Also: Der entscheidende Beziehungsteil des Verkaufes ist schon gelaufen, bevor der offensichtliche Verkaufsteil, das „Leading", beginnt.

(4) Positive Chancen und Auswirkungen der Veränderung deutlich machen
Menschen lassen sich meist gut motivieren, etwas Neues zu machen, wenn ihnen dadurch Vorteile zuwachsen. Im vierten Schritt gilt es deshalb folgende Fragen zu beantworten:

- "Was sind die Vorteile der Veränderung?"
- "Welche Veränderungen werden angestrebt?"
- "Welche Möglichkeiten habe ich, die Veränderung als eine Start Up-Chance für unseren Bereich und für mich selbst zu sehen?"
- "Was kann ich tun, damit sich die Mühe der Veränderung für mich lohnt?"
- ...

(5) Zusammenarbeit zwischen den Veränderungspartnern entwickeln und gestalten
Nach Beendigung des letzten Weltkrieges konnte man feststellen, dass diejenigen Mitglieder der amerikanischen Besatzungstruppen, die mehr Kontakt zu ihren Ex-Feinden hatten, diese sympathischer fanden: „Kontakt schafft Sympathie". Man muss sich also nicht von Anfang an sympathisch sein, sondern man muss Kontaktflächen schaffen, damit Sympathie und Vertrauen wachsen kann. Dadurch werden dann von zunehmend mehr Personen im Unternehmen Fragen der folgenden Art gestellt:

- „Wie können wir unter den veränderten Bedingungen noch wirksamer zusammenarbeiten?"
- „Wen muss ich einbeziehen, damit die Veränderung mit Leben gefüllt wird?"
- „Wie kann ich diejenigen meiner Kollegen, die noch skeptisch sind, einladen und gewinnen, auch mehr auf Kooperation zu setzen?"
- „Welche Schlüsselpersonen können besonders glaubwürdig die Vorteile und Möglichkeiten der Veränderung verkörpern und darstellen?"
- „Welche Unterstützung können wir (z.B. in Form von Begegnungsveranstaltungen für neu geschaffene Bereiche, Workshops oder Coaching) anbieten, damit der Veränderungsprozess an den Konflikt-Schnittstellen und -Engpässen nicht ins Stocken gerät?"
- ......

Pilot-Projekt - **Perspektive „50 plus"**

...die menschliche Dimension (5) ...

(6) Verbesserungspotentiale realisieren

Erst im sechsten Schritt lassen sich die mit der Veränderung angestrebten Vorteile und Synergien realisieren. Menschen als „Bio-Systeme" brauchen länger, um sich an Veränderungen anzupassen als technische Systeme, die einfach ausgetauscht oder umgestellt werden müssen. Die Führungskräfte brauchen also Geduld mit ihren Mitarbeitern und mit sich selbst und immer wieder neue „Pacing"-Bemühungen, damit die Mitarbeiter im Tagesgeschäft die Veränderung als Selbstverständlichkeit leben und von sich aus folgende Fragen stellen:

- „Was kann ich tun, damit die Qualität der Zusammenarbeit ständig immer besser wird?"
- „Welche Chancen der Veränderung habe ich oder unser Bereich noch nicht genügend ausgeschöpft?"
- „Wo liegen noch unentdeckte Ressourcen zur Weiterentwicklung?"
- „Welche Hilfen kann ich von meinen Führungskräften erbitten, damit weitere Chancen der Veränderung Wirklichkeit werden können?"
- ......

Wenn die Veränderungspartner bereit sind, diese Punkte und ihre Reihenfolge zu beachten und die Mitarbeiter mit ihren Fragen achten, werden die Chancen für positive Entwicklungen im Veränderungsprozess deutlich steigen.

Sich selbst verändern – ein besonders schwieriger Veränderungsprozess

Wollen oder müssen wir uns selbst verändern, weil unser Umfeld es uns abverlangt, ist es gut, sich ebenfalls an diesem 6-Schritte-Programm zu orientieren – als Selbst-Coaching-Leitfaden.

Pilot-Projekt - **Perspektive „50 plus"**

Neurobiologisch-psychologische Muster bei Veränderungs-Prozessen
Wie sieht es bei Ihnen aus? (%-Einschätzung)

• **Veränderung als Herausforderung**: Das offensive Eu-stress-Muster

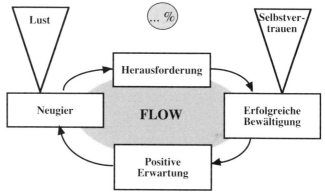

Voraussetzung: Kohärenzgefühl („SoC" i.S.d. „Salutogenese"):
- Verstehbarkeit – Vorhersagbarkeit
- Handhabbarkeit – Kontrollierbarkeit
- Bedeutsamkeit – Sinnhaftigkeit

◄►

- Vertrauen in soziale Beziehungen
- Offenheit für neue Erfahrungen
- Selbstwirksamkeits-Überzeugung

• **Veränderung als Bedrohung**: Das defensive Dis-stress-Muster

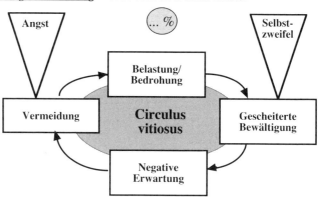

Folgen: Egozentrischer Überlebens-Reduktionismus:
- Flucht (z.B. auch als innere Kündigung)
- Kampf (z.B. steigende Konflikthaftigkeit, Aggressivität)
- Erstarrung (z.B. Risiko-, Fehlervermeidung; Dienst nach Vorschrift)

◄►

- Misstrauen
- Cliquenbildung
- Mauern, Rückzug

Quelle: Hüther 2005

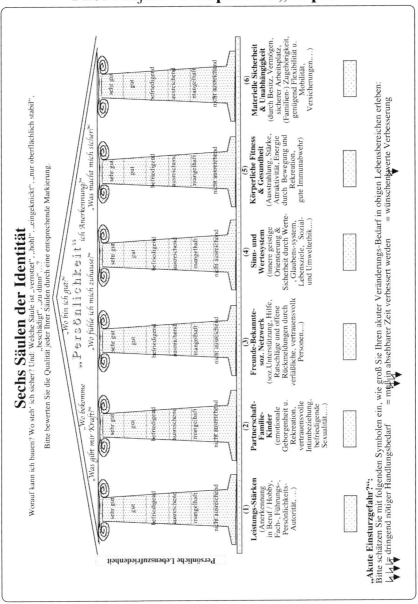

Pilot-Projekt - **Perspektive „50 plus"**
Wenn ich an meine Zukunft denke ...

In der Folge finden Sie eine Reihe von Aussagen, die Sie auf Ihre Zukunft beziehen sollen. Wenn es nur nach Ihnen geht, wie stark treffen diese Aussagen dann für Sie zu?
„0" = trifft kaum oder gar nicht für mich zu
„5" = trifft teilweise für mich zu
„10" = trifft weitestgehend für mich zu

(1) „Ich möchte etwas von meinem Können weiter geben" **0**...1...2...3...4...**5**...6...7...8...9...**10**

(2) „Ab jetzt wird vieles anders" **0**...1...2...3...4...**5**...6...7...8...9...**10**

(3) „Ich setze auch zukünftig auf Bewährtes" **0**...1...2...3...4...**5**...6...7...8...9...**10**

(4) „Ich möchte machen, was ich will und wie ich es will" **0**...1...2...3...4...**5**...6...7...8...9...**10**

(5) „Ich möchte zumindest zeitweise in meiner aktuellen Funktion **0**...1...2...3...4...**5**...6...7...8...9...**10**
weiter arbeiten"

(6) „Ich möchte endlich Sachen realisieren, bei denen ich keine **0**...1...2...3...4...**5**...6...7...8...9...**10**
Kompromisse eingehen muss"

(7) „Ich möchte anderen helfen, sich weiter zu entwickeln" **0**...1...2...3...4...**5**...6...7...8...9...**10**

(8) „Ich brauche neue Herausforderungen" **0**...1...2...3...4...**5**...6...7...8...9...**10**

(9) „Ich möchte mich sozial nützlich machen" **0**...1...2...3...4...**5**...6...7...8...9...**10**

(10) „Ich möchte mich den Dingen widmen, die ich in der **0**...1...2...3...4...**5**...6...7...8...9...**10**
Vergangenheit zurückstellen musste"

(11) „Zukünftig möchte ich das Leben mehr als Abenteuer leben **0**...1...2...3...4...**5**...6...7...8...9...**10**
und auch entsprechende Risiken eingehen"

(12) „Ich möchte auch zukünftig das machen, was ich am besten **0**...1...2...3...4...**5**...6...7...8...9...**10**
kann"

(13) „Jetzt komme endlich ich an die Reihe" **0**...1...2...3...4...**5**...6...7...8...9...**10**

(14) „Ich möchte etwas komplett Neues beginnen" **0**...1...2...3...4...**5**...6...7...8...9...**10**

(15) „Mir ist es zukünftig wichtig, vertrauensvoll mit **0**...1...2...3...4...**5**...6...7...8...9...**10**
sympathischen Partnern zusammen zu arbeiten"

(16) „Um mich wohl zu fühlen, brauche ich Stabilität im **0**...1...2...3...4...**5**...6...7...8...9...**10**
beruflichen und privaten Umfeld"

Auswertung:
Bitte berechnen Sie die Mittelwerte für folgende vier Skalen:

DI = (4 + 6 + 10 + 13) / 4 = ...

NÄ = (1 + 7 + 9 + 15) / 4 = ...

DA = (3 + 5 + 12 + 16) / 4 = ...

WE = (2 + 8 + 11 + 14) / 4 = ...

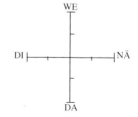

Pilot-Projekt - **Perspektive „50 plus"**

Persönliche Lebensziele & Werte

Im folgenden finden Sie **12 Lebensziele/-Werte**. Bitte bilden Sie eine **Rangreihe**, wie wichtig diese Ziele für Ihre **jetzige Lebenssituation** sind. Das für Sie wichtigste Ziel erhält den Rang 1, das am wenigsten wichtige den Rang 12. Welche vier Ziele sollten **zukünftig** für Ihr Leben einen höheren Stellenwert ✐ erhalten?

Fachkompetenz (FK) Auf irgendeinem Fachgebiet eine Autorität werden. Fachliches Geschick und Vollkommenheit erreichen.	
Führung (FÜ) Eine einflußreiche Führungsrolle haben. Entscheidungen treffen und Verantwortung tragen für die Erreichung gemeinsamer Ziele.	
Gesundheit (GE) Körperliches und seelisches Wohlbefinden erreichen und erhalten.	
Ideale und Werte (IW) Sich sozialen und/oder politischen und/oder religiösen Werten verschreiben: Das Leben mit diesen Werten in Übereinstimmung bringen. Verantwortung für die Umsetzung dieser Werte übernehmen.	
Prestige (PR) Bekannt werden. Soziale Anerkennung, Auszeichnungen und/oder einen hohen sozialen Status erreichen.	
Selbstverwirklichung (SE) Die bestmögliche persönliche Entfaltung erreichen. Die eigenen vorhandenen schöpferischen Fähigkeiten voll entwickeln.	
Sicherheit (SI) Eine sichere und beständige Stellung in beruflicher und finanzieller Hinsicht erlangen.	
Sozialer Dienst (SD) Zur Zufriedenheit und zum Wohlergehen anderer beitragen. Denen helfen, die Hilfe brauchen.	
Unabhängigkeit (UN) Die Möglichkeit haben, frei zu denken und zu handeln. „Sein eigener Herr sein".	
Vergnügen (VE) Das Leben genießen. Erlebnisfülle und Spaß haben.	
Vermögenserwerb (VM) Viel Geld verdienen. Größtmögliches materielles Wohlbefinden für sich und die eigene Familie erreichen.	
Zuneigung (ZU) Ein glückliches Familienleben entwickeln. Geselligkeit, Freundschaft und zwischenmenschliche Wärme erlangen.	

NÄ=13-(SD+ZU)/2; DI=13-(UN+FÜ)/2; DA=13-(SI+VM)/2; WE=13-(VE+SE)/2

Pilot-Projekt - **Perspektive „50 plus"**

„Wir haben die Wahl…"

(1) Die (äußere) Welt ist so (oder so ähnlich) – und daran können wir kurzfristig nichts ändern: Es gibt reichlich …

&

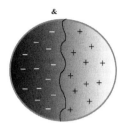

- „Negatives"
- Krieg
- Terror
- Mißbrauch
- Hunger
- Krankheiten
- Unwetter
- Katastrophen
- Gefahren
- Sterben & Tod
- „Das Böse"
- …

- „Positives"
- Frieden
- Hilfsorganisationen
- Freundschaft
- Nahrung
- Gesundheit
- Sonne, Wärme, Kühle
- Glücksfälle
- Chancen
- Leben, Lebendigkeit
- „Das Gute"
- …

(2) Wir Menschen (als Teil der Welt) mit unseren unterschiedlichen inneren Welten sind so (oder ähnlich) aufgestellt – und daran können wir kurzfristig nichts ändern: Jeder hat/erlebt in sich mehr oder weniger …

&

- „Schwächen"
- Misserfolge
- Aggressionen, Hass
- Egoismen (Gier, Neid)
- Rufmord
- Unglücklichsein
- Krankheit
- Schicksalsschläge
- Schmerz
- Stress, Verkrampfung
- Problemfixierung etc.

- „Stärken"
- Erfolge
- Liebe, Mitgefühl
- Altruismus
- Anerkennung
- Glücksgefühle
- Gesundheit
- gute Zeiten
- Spaß, Lust
- Gelassenheit, Entspannung
- Lösungsorientierung etc.

(3) Das allerdings können wir in jedem Augenblick („jetzt"…"jetzt"…"jetzt") tun:
Wir haben die Wahl – 2-fach:

1 ---> **Innen-Wahrnehmungs-Fokussierung**
 („Wie sehe ich mich selbst?")
 ---> (+) „Meine Stärken …"
 ---> (–) „Meine Schwächen …"

2 ---> **Außen-Wahrnehmungs-Fokussierung**
 („Was nehme ich im Umfeld wahr?")
 ---> (+) „Das Positive …"
 ---> (–) „Das Negative …"

(4) Je nach dem, auf was wir unsere Wahrnehmung richten (von Moment zu Moment), wird eine entsprechende „**Positiv- oder Negativ-Physiologie**" (mit entsprechenden Gefühls-, Gedanken-, Verhaltens-Impulsen) in uns ausgelöst und ein entsprechender Bewußtseinszustand verstärkt.

(5) Hypothesen über die Konsequenzen: Die **systemischen Wirkungen dieser Wahlen**

 führen zu gegenseitige Verstärkungen, Wechselwirkungen von „Innen" und „Außen" mit Resonanzen und Aufschaukelungs- und Self-fullfilling-prophecy-Prozessen („Teufels- & Engelskreise") mit nachhaltigen persönlichen Prägungen (z.B „Opfer" vs. „Lebenskünstler")

(6) Jeder hat die Möglichkeit, hierüber zu reflektieren, meditieren, sich darüber zu beklagen und hiermit zu experimentieren, zu leben und Selbsterfahrungen zu machen. **Wir haben die Wahl!**

Quelle: Fittkau - einfache Einsichten aus über 60 Jahren Lebenserfahrung

Pilot-Projekt - **Perspektive „50 plus"**

„Schwächen schwächen"

Schwäche-Formen	(1) Eigen-Diagnosen	(2) Persönl.Entwickl.-Ziele: a) weniger von …	b) dafür mehr von…	(3) Zielführende Schritte, konkrete Maßnahmen
• Natürliche, biologische, zum Leben gehörige „Schwächen", Handicaps (Sterblichkeit, Altern, Bedürfnisabhängigkeit, …)				(akzeptieren, genießen)
• Krankheiten, Behinderungen, körperliche Defizite (z.B. angeborene Defizite, Behinderungen, Verletzungsfolgen, Allergien,…)				(akzeptieren, lernen, damit gut zu leben, das Beste draus machen)
• „Leidenschaften", triebhaft-emotional-hormonelle Übersteuerungen, Impulsierungen (z.B. aggressiv, cholerisch, gierig, geil, ängstlich, …)				(Auslösesituationen meiden, sich desensibilisieren, Selbstkontrolle)
• Gelernte soziale Allergien, Empfindlichkeiten, Automatismen, Traumatisierungen, negative Glaubenssätze und Einstellungen (z.B. Mißtrauen, Pessimismus, Resignation, Reaktanzen, Vorurteile, …)				(korregierendes Gegensteuern, neue Erfahrungen zulassen, Desensibilisierung)
•Defizite aufgrund fehlender Lern- und Trainingsmöglichkeiten (z.B. fehlende Sprachkenntnisse, Defizite in technischen oder kommunikativ-sozialen Kompetenzen, Know how-Defizite, …)				(trainieren, Lern-Herausforderungen annehmen)
• „Schwächen" als übertriebene, vereinseitigte („zuviel-des-Guten"-) Stärken (z.B. Arroganz, Geiz, … - alle negativen persönlichen Eigenschaften)				(Stärken-Gegenpol gezielt entwickeln und integrieren; s. „Entw-Trapez")
• Sonstige Schwächen				

3.2 Persönliche Entwicklungs-Projekte (PEP) & kollegiale Coach-Begleitung

Überblick:

Nach dem Partner-Interview bitten wir die Teilnehmer, sich für ein verbindliches „Q3L"-Entwicklungs-Projekt zu verpflichten. Beispiele für solche Projekte haben die Teilnehmer in der Bearbeitung ihres Anliegens im kollegialen Coaching-Karussell (siehe 2.3 „Neues berufliches Rollen-Muster erproben: Kollegiales Coaching") erhalten. Als Orientierungs- und Reflexionsrahmen dient hier unser „SRZK"-Modell. Die Teilnehmer nutzen zur Bearbeitung das Blatt „ Persönliche Entwicklungs-Herausforderungen im 3. Lebenszyklus", S. 121). Wir bitten Sie dann, in einem nächsten Schritt ihr Entwicklungs-Projekt auf einem entsprechenden „Maßnahmen-Planer" (S. 122) zu konkretisieren.

Der nächste organisatorische Schritt ist jetzt die Bildung einer kollegialen Coaching-Partnerschaft für die Begleitung der Entwicklungs-Projekte während der 6-monatigen Realisierungsphase bis zu unserem Follow Up. Sobald sich die kollegialen Coaching-Tandems gefunden haben, setzen sie sich noch einmal zusammen, tauschen ihre PEP´s aus und vereinbaren das erste Coaching-Treffen.

- Eigen-Entwicklung im 3. Lebenszyklus — S. 115 - 118
- Der Weg zur Hölle — S. 119
- Doppelstrategie der persönlichen Entwicklung — S. 120
- Persönliche Entwicklungs-Herausforderungen im 3. Lebenszyklus — S. 121
- PEP – Persönlicher Entwicklungs-Plan — S. 122
- Meine Vorteils-Bilanz — S. 123
- Bildung kollegialer Coaching-Partnerschaften & Austausch der PEP´s — S. 124
  - Wie isst man einen Elefanten? — S. 125

Pilot-Projekt - **Perspektive „50 plus"**

Eigen-Entwicklung im dritten Lebenszyklus (1)
Prof. Dr. Bernd Fittkau

Fragen nach Selbsterkenntnis, Identitätsfindung und Eigenentwicklung sind wieder einmal im Trend. Das hängt sicher auch mit der aktuellen Beschleunigung vieler Lebensprozesse durch Globalisierung und krisenhaften Veränderungen zusammen. Der Wunsch nach innerer Sicherheit und Orientierung und eigenen Steuerungs-Möglichkeiten nimmt zu. Eine Antwort auf diese Fragen lautet: „Life-long-learning" – also Abschied nehmen von dem Selbstbild einer festgefügten Ich-Instanz und offen bleiben für Veränderungen und neue Herausforderungen und neugierig bleiben für die Erweiterungen des eigenen Fähigkeiten-Spektrums. Die verständliche Sehnsucht vieler Menschen, endlich (wie der traditionelle Handwerksgeselle) sagen zu können: „Ich habe ausgelernt", scheint endgültig zu einer Illusion zu werden.

Wer aber ist dieses „Ich", das sich aus sich selbst heraus sein Leben lang weiter entwickeln, das ohne Ende lernen, wachsen, sich verändern soll – und vielleicht ja auch will – um mit den immer schnelleren Umfeld-Veränderungen klar zu kommen? Eine zeitgemäße Antwort gibt unsere Überschrift: Ich bin nicht nur eins, ich bin auch viele – und vielleicht stecken in mir auch Ich-Potentiale, die ich bis jetzt noch gar nicht von mir kennenlernen konnte.

Das „Ich" ist als Konzept der westlichen Welt, z.B. im bekannten Persönlichkeits-Modell von Sigmund Freud, der bewusste Teil der Persönlichkeit, der als substantielle Instanz das individuelle Handeln verantwortet. Die Weiterentwicklung dieses Persönlichkeitsteils wird auch bei Freud angemahnt: „Wo Es war, soll Ich werden". In den fernöstlichen Kulturen tritt der Einzelne in den Hintergrund zugunsten seiner sozialen Funktion und Rolle – sein „Ich" ist in erster Linie ein „soziales Ich", das durch die Augen der anderen Existenz erhält. In der buddhistischen Sichtweise wird diese Instanz als Illusion gesehen, als ein Konstruktionsversuch, den Menschen Orientierung und Festigkeit zu geben, sie aber im Ergebnis in Richtung ihrer Egoismen fokussiert und fixiert und verhindert, dass sie sich für den Fluss des Lebendigen öffnen können und in ihrer Gegenwart präsent sind. Die neuere Hirnforschung und Neurophilosophie geht davon aus, dass die Menschen gar nicht anders können, als in ihren individuellen „Ego-Tunneln" (Metzinger) zu leben. Und sie deshalb dafür sorgen müssen, dass die kulturell verbindenden Gemeinsamkeiten systematisch gestärkt werden, um ein friedliches Zusammenleben in einer globalierten Welt möglich zu machen.

Pilot-Projekt - **Perspektive „50 plus"**

... Eigen-Entwicklung im dritten Lebenszyklus (2)

Bleiben wir in unserer westlichen Welt, in der die Existenz eines individuellen Ichs bejaht wird: Gibt es dieses eine identitätsstiftende „Ich" oder gibt es eine Vielzahl von Ichs – abhängig von Bewusstseinszuständen, sozialen Situationen, Selbst- und Vorbildern etc.? Die Wissenschaften neigen heute zu folgender Ich-Sicht: *„ Man kann also, wenn man so will, sagen, dass es mehrere Ichs gibt"* fasst R. D. Precht, der Autor des Bestsellers „Wer bin ich und wenn ja, wie viele" (2007, S. 70) die Ergebnisse der Wissenschaften zusammen. Und er ergänzt: *„ ... Personen sagen zu sich selbst „Ich". Etwa die Hälfte dieser Persönlichkeitsentwicklung, so wird mehrheitlich angenommen, hängt sehr eng mit angeborenen Fähigkeiten zusammen. Etwa 30-40 Prozent ist abhängig von Prägungen und Erlebnissen im Alter zwischen 0 und 5 Jahren. Und nur 20-30 Prozent werden offensichtlich maßgeblich durch spätere Einflüsse im Elternhaus, in der Schule usw. beeinflusst ...*

Die alte Vorstellung, dass der Mensch von einem Supervisor namens „Ich" geistig zusammengehalten wird, ist nicht widerlegt. Dieses Ich ist eine komplizierte Sache, es lässt sich mitunter in verschiedene Ichs zerlegen, aber es ist gleichwohl so etwas wie eine gefühlte Realität, die sich naturwissenschaftlich nicht einfach erledigen lässt. Reicht denn nicht schon die Beobachtung aus, dass wir uns als Ich fühlen, um festzustellen, dass es ein Ich gibt? „Man ist Individuum", schreibt der Soziologe Niklas Luhmann, „ganz einfach als der Anspruch, es zu sein. Und das reicht aus." Den gleichen Satz könnte man wohl auch über das Ich sagen."

Eigen-Entwicklungs-Potential: 20-30% – das Gehirn kann aber auch noch mehr!
Wenn wir von Eigen-Entwicklung sprechen, so sprechen wir diese Selbstreflexions-, Supervisions- und Willens-Instanz im Menschen an, die den eigenen Einflussbereich gestalten will und selbst stärker werden, wachsen will. Der Wunsch nach individuellem „Wachstum" ist neben dem Wunsch nach sozialer „Zugehörigkeit" das wohl stärkste Grundmotiv des Menschen. Diese beiden sozialen Motive halten den Menschen in dem dynamischen Spannungsfeld zwischen „Tradition" und „Fortschritt". Das Zusammenspiel von „egoistischen" und „altruistischen" Genen bestimmt die Richtung des Wachstums. Dieses biologisch angelegte Motiv lässt den Menschen erwachsen werden, zeigt sich geistig in seiner Neugierde und im technologischen Fortschritt, wie auch in seiner sozial ausgerichteten materiellen und Macht-Gier nach immer mehr. Vielleicht auch in seinem reifen Wunsch, sein Wissen und seine Lebenserfahrung zu Weisheit zu integrieren – und sich auch darin zu bescheiden, „zu wissen, dass man vieles nicht weiß".

Pilot-Projekt - **Perspektive „50 plus"**

... Eigen-Entwicklung im dritten Lebenszyklus (3)

Persönlichkeits-Modelle

Welche Grundstrebungen stecken genetisch und dann sozial-kulturell ausgeformt im Menschen? Nach welchen Persönlichkeits-Faktoren lassen sich Menschen unterscheiden? Die Antwort der neueren empirischen Persönlichkeitsforschung weist kulturübergreifend auf eine handvoll überall beobachtbarer Hauptmerkmale hin, die sich recht gut in das von uns favorisierte kuturübergreifend gültige kognitive Orientierungsmodell, dem „Riemann-Fittkau-Werteraum" darstellen lassen (siehe S. 56 - 63)

Persönlichkeits-Entwicklung: „Spezialist" oder „Generalist"?

Das mit diesem Persönlichkeits-Modell vermittelte Ideal ist die „runde, ausbalancierte Persönlichkeit", die mit den meisten Lebenssituationen und Herausforderungen klar kommt. Die Richtung der Weiterentwicklung liegt damit auf der Hand: Entwickle die bisher zu wenig aktivierten Potentiale Deiner Persönlichkeit, so dass Du immer vollkommener, „runder" und „aus Deiner Mitte heraus" balancefähiger werden kannst.

Natürlich kann man sich auch eine andere Entwicklungsstrategie überlegen: Entwickle die Aspekte in Dir immer differenzierter, die Du schon gut beherrschst. Dann wirst Du in einem bestimmten Kompetenzsegment immer perfekter. Letztere Entwicklungs-Strategie könnte man die „Spezialisierungs-Strategie" nennen, erstere die „Generalisten-Strategie". Hier zeigt sich ein ähnliches Entwicklungs-Problem, wie zwischen Allgemeinbildung und Fach-Experten-Ausbildung.

In den beruflichen Kompetenzfeldern geht der Entwicklungs-Trend stark in Richtung „Spezialisierung". Sollten wir uns dann nicht im Bereich der Persönlichkeitsbildung für das „Generalisten"-Modell stark machen? Denn letztlich muss jeder in sich eine Überblick vermittelnde Entscheidungsbasis haben, aus der heraus er in der Lage ist, seine Schwerpunkte und Spezialisierungen im Leben eigenverantwortlich zu finden. Und in unseren demokratisch mitgesteuerten Gesellschaften müssen wir darauf bauen, dass die „Weisheit der Vielen" sich durchsetzen kann gegen die kurzsichtigen, populistischen Impulse unserer kindlichen Konsuminteressen: „Panem et circenses".

Warum sich nicht mit dem zufrieden geben, was man bisher erworben hat?

Der Volksmund bestätigt diese Tendenz zur Selbstbescheidung, wenn er sagt „Schuster bleib bei deinen Leisten".

Pilot-Projekt - **Perspektive „50 plus"**

... Eigen-Entwicklung im dritten Lebenszyklus (4)

In Zeiten schnellen Wandels ist eine solche Empfehlung allerdings höchst problematisch, weil viele traditionelle Berufsbilder eine entsprechend schnelle Veränderung erfahren oder sogar wegfallen oder ausgelagert werden. Folgende Bilder scheinen nützlicher: „Wer rastet, der rostet" oder „Stillstand bedeutet Rückschritt" oder „Leben ist wie schwimmen gegen einen Strom; wenn du aufhörst zu schwimmen, treibst du zurück". Natürlich können wir nicht genau wissen, welche Fähigkeiten zukünftig von uns verlangt werden. Und gerade deshalb scheint es gut, durch stetige Eigenentwicklung die eigene inneren Wissens- und Erfahrungsbasis auszubauen und sich durch ein kontinuierliches Lernen als Veränderungs-Training flexibel und beweglich zu halten für die Bewältigung kommender Herausforderungen, die trotz immer komplexerer Zukunftsszenarien nur sehr unvollkommen voraussehbar sind.

Qualitätsentwicklung im dritten Lebenszyklus („Q3L")
Es dürfte sich also lohnen, auch im dritten Lebenszyklus die eigenen Qualitäten im Auge zu behalten und weiter zu entwickeln! Eine wichtige Frage ist dann natürlich, was denn die besonderen und entwicklungs-würdigen Qualitäten im 3. Lebenszyklus „50+" sind oder werden können.
Erste zielführende Qualitäten lassen sich schnell finden:
- vom Ergebnis-Treiber zum „gelasseneren Prozess-Begleiter und –Berater"
- vom Dirigenten zum „Dirigenten-Lehrer und –Coach"
- vom unternehmerischen Engagement zur „sozial-gesellschaftlichen Verantwortung"
- vom Macher und Entscheider zum „Vermittler und Beirat"
- vom technischen Wissen zur „Handlungs-und Entscheidungs-Weisheit"
- vom ......

In diesem Sinne gilt es, unseren länger werdenden dritten Lebenszyklus des modernen Menschen sinnstiftend und attraktiv zu gestalten. Dabei kann eine rekreative Übergangsphase (z.B. in Form eines Sabbaticals) für die nötige Balance aus den häufiger werdenden Überlastungserfahrungen des zweiten Lebenszyklus sorgen. Dabei müssen wir uns bewusst bleiben, dass die Sehnsucht nach Rückzug, Abschalten und Erholung so verführerisch sein
kann, dass die grundlegende organismische Wahrheit dabei in Vergessenheit geraten kann: „If you don't use it, you loose it".

Pilot-Projekt - **Perspektive „50 plus"**

Pilot-Projekt - **Perspektive „50 plus"**

Doppelstrategie der persönlichen Entwicklung

- „Werde, was du bist – entwickle deine (verborgenen) Talente und Möglichkeiten!"
- „Das Leben ist wie schwimmen gegen einen Strom – wenn du aufhörst, treibst du zurück"
- Delphi-Tempel: „Erkenne dich selbst... – dann wirst du das Universum und die Götter erkennen"
- „Selbsterkenntnis ist der erste Schritt zur Besserung." – „Und was ist dein zweiter?!"

„Stärken stärken"
Persönliche Kernkompetenzen
(Stärken, „Heimatgebiete")
professionalisieren durch
- Standardisierung
- Konzentration
- Vereinfachung
- Know how-Transfer etc.

„Schwächen schwächen"
Schritte in die (ggf. angstbesetzten)
„Defizitfelder" durch persönliche Lern-
Herausforderungen gehen (was gleichzeitig den
Gegenpol zu den eigenen Spezialitäten und damit
die Balance von möglichen „Zuviel-des-Guten"-
Schwächen und die Akzeptanz des persönlichen
„Schattens" stärkt)

„Spezialist" & **„Generalist"**

Quelle: Fittkau

Pilot-Projekt - Perspektive „50 plus"

Persönliche Entwicklungs-Herausforderungen im 3. Lebenszyklus
Bewährte Kompetenzen „kultivieren", ergänzen und weiter geben

Nach diesen Eigen-Diagnosen der eigenen Stärken (Kern-Kompetenzen) können nun Weiter-Entwicklungs-Schritte, für die Sie in der Vergangenheit keinen Platz im Tagesgeschäft hatten, angedacht werden. Dabei sollten Sie einfach (unrealisitischer Weise) einmal annehmen, dass dafür Zeit zur Verfügung steht (durch Delegation, Übernahme einer neuen Rolle, Ausstieg, Selbstständigmachen etc.). Nun können Sie in den vier Feldern unseres Sozialen-Raum-Zeit-Kontinuums (SRZK) kreativ werden.
Dabei können Sie von Ihren vorher fokussierten Stärken und Kern-Kompetenzen ausgehen und dann die übrigen Felder mit Ideen stichwortartig füllen und erste Prioritäten unterstreichen.

	Sach- Orientierung	Kommunikations- Orientierung
Innovation Stärken auf neue „Geschäftsfelder" oder Kundengruppen übertragen	(2) Welche anderen Bereiche oder Kunden in Ihrem Unternehmen können von Ihren Stärken profitieren? • .... • .... •	(4) Welche bisher „nur" hobbymäßig entwickelten (komplementären) Talente würden Sie zukünftig gerne ausbauen oder neu entwickeln? Welche Vernetzungen wären nützlich? • .... • ....
Bewährtes Bewährte Stärken, Kernkompetenzen „kultivieren"	(1) Welche Ihrer Stärken würden Sie zukünftig gerne verfeinern, vertiefen, spezialisieren? • .... • .... •	(3) Welche Ihrer Sach-Stärken können Sie so mit Ihren Kommunikations-Stärken und Ihrer Lebens-Erfahrung verbinden, so dass Sie diese als Multiplikator weiter geben können? • (Fach-) Berater? .... • (Fach-) Coach? .... • (Fach-) Trainer? .... • Mentor? ....

Pilot-Projekt - Perspektive „50 plus"

PEP
Persönlicher-Entwicklungs-Plan

- <u>Was</u> ich ändern will

  1.----------------------2.----------------------3.---------------------

- Was ich <u>nicht mehr</u> machen will

  1.----------------------2.----------------------3.---------------------

- Was ich <u>tun werde</u>, um das (s.o.) zu erreichen

  zu 1.----------------zu 2.--------------------zu 3.---------------------
  ----------------   --------------------   ---------------------
  ----------------   --------------------   ---------------------

- Woran <u>andere</u> das <u>merken</u> werden

  zu 1.----------------zu 2.--------------------zu 3.---------------------
  ----------------   --------------------   ---------------------
  ----------------   --------------------   ---------------------

- Wie ich versuchen werde, mich selbst zu <u>überlisten</u>

  1.----------------------2.----------------------3.---------------------

- Welche <u>Schwierigkeiten</u> ich erwarte

  zu 1.----------------zu 2.--------------------zu 3.---------------------
  ----------------   --------------------   ---------------------
  ----------------   --------------------   ---------------------

- <u>Wie und wann</u> ich Fortschritte <u>überprüfen</u> werde

  zu 1.----------------zu 2.--------------------zu 3.---------------------
  ----------------   ----------------------   ---------------------
  ----------------   ----------------------   ---------------------

Pilot-Projekt - **Perspektive „50 plus"**

Vorteils-Balance

Ich habe gute Gründe (Vorteile), dass mein Ist-Zustand so ist, wie er ist. Mein Ziel-Zustand verspricht mir, neue Vorteile zu gewinnen. Werden die gewonnenen Vorteile, die losgelassenen Vorteile aufwiegen?

Vorteile...	
...im Ist-Zustand	...im Ziel-Zustand
Bin ich bereit, diese Vorteile loszulassen?	Wiegen diese Vorteile den Verlust auf?

Pilot-Projekt - Perspektive „50 plus"

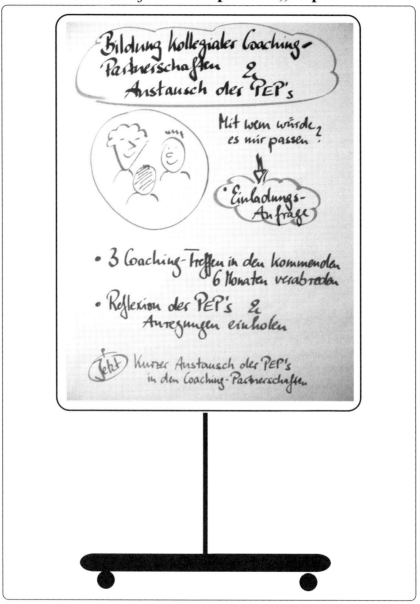

Pilot-Projekt - **Perspektive „50 plus"**

Wie ißt man einen Elefanten ?

Stück für Stück Stück für Stück Stück für Stück..............

4. Follow Up-Bilanz-Tag

Überblick:

Das Ziel des 1-tägigen Follow Up-Workshops nach ca. 6 Monaten hat den Charakter einer Zwischenbilanz auf dem lebenslangen Lernweg. Entsprechend gibt es einen „Review"- und „Preview"-Teil. Die persönlichen Lernerfahrungen und Ergebnisse der Umsetzungsbemühungen der eigenen PEP´s werden vorgestellt und reflektiert sowie an aktuellen, weiterführenden persönlichen Entwicklungs-Themen und –Herausforderungen gearbeitet.

- Tages-Ablauf   S. 127
- Keine Zeit   S. 128
- Meine Zwischenbilanz - Aufgabenstellung   S. 129
- Sounding-Board zur Zwischen-Bilanz   S. 130
- Meine Zwischen-Bilanz - Beispiele   S. 131
- Mein aktuelles Zukunfts-Thema   S. 132
- Was Menschen in Organisationen brauchen, damit sie eine emotionale Bindung herstellen   S. 133
- Wege zu einem „erfüllten-glücklichen Leben"   S. 134
- Berufliche Veränderung & Entwicklung – Interview-Leitfaden & Ergebnissicherung   S. 135
- Lebens-Fragen & erste Antworten   S. 136
- Anregungen für Übergänge   S. 137
- Optimierungs-Ideen zum Pilot-Projekt   S. 138 - 139
- Flyer zur "Kollegialen Coach-Ausbildung"   S. 140 - 141
- Cartoon   S. 142
- Schlussbemerkung   S. 143

Pilot-Projekt - **Perspektive „50 plus"**

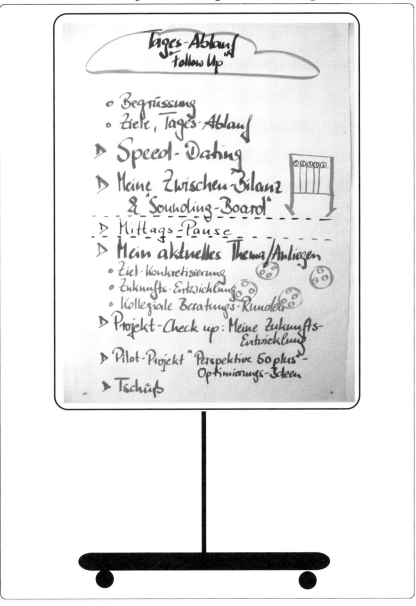

Pilot-Projekt - **Perspektive „50 plus"**

„Keine Zeit!"

Ein Mann rannte schwitzend neben seinem schönen Rad, das er mit Tempo durch die Straßen schob. Einige Passanten schauten fragend hinter dem Gehetzten her. Endlich nahm sich einer ein Herz und lief einige Schritte mit dem Enteilenden und fragte, bevor er selbst außer Atem kam:
„Bester Mann, warum steigen Sie denn nicht auf?"
Die atemlose Antwort: „Keine Zeit!"

Pilot-Projekt - **Perspektive „50 plus"**

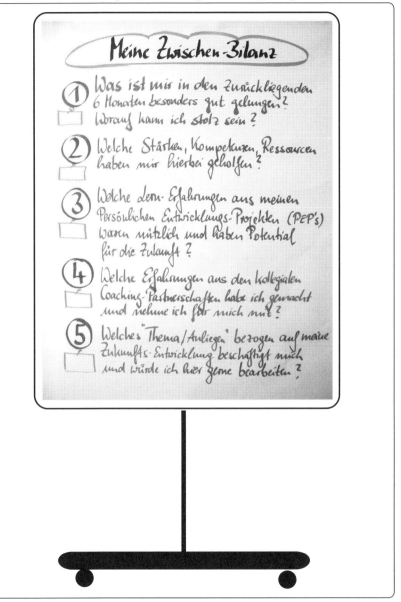

Pilot-Projekt - **Perspektive „50 plus"**

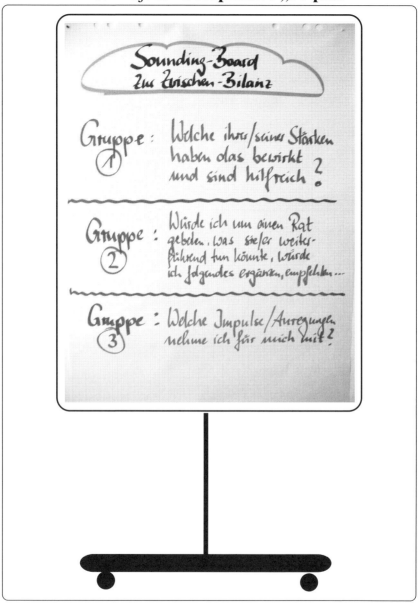

Pilot-Projekt - **Perspektive „50 plus"**

Meine Zwischen-Bilanz

Name (geändert)	1. Meine Erfolgs-story	2. Stärken, Kompetenzen	3. Lernerfahrungen aus PEP	4. kolleg. Coaching-Partnerschaften	5. Mein aktuelles Thema
Aust	• Openspace • Teambildung	• Kommunikation • Netzwerken im Team	• loslassen • sich einlassen	• Mut • Bestätigung • Große Hilfe	• Zukunftsplanung konkretisieren
Schmitt	• Etablierung eines neuen Prozesses	• Kreativität • Fachkompetenz	• Initiative ergreifen • Netzwerken	• Vertrauensvolle Begleitung • Hilfreiche Konfrontationen	• Phase des Suchens und „innere" Auseinandersetzung
Lau	• Change-Projekt	• Change-Mgmt.-Kompetenz • Netzwerken • Leadership	• Rückkopplung • Rücken freihalten • Energie auf das Wesentliche	• Austausch • Regelmäßige Diskussion der persönlichen Ziele	• Erhalt meiner Energie für die Übergangs-Gestaltung
Koster	• Gleichgewicht zw. Beruf u. Privatleben „Home office"	• Zufriedenheit mit dem Erreichten • Selbst-Reflexion	• Gelassenheit entwickeln • dran bleiben	• anderen geht es ähnlich • Begleitung	• Coach- und Berater-Rolle übernehmen
Florin	• Delegation von Verantwortung an Nachwuchskräfte	• Soziale Kompetenz • Selbstsicherheit	• am Ball bleiben • verbindlich planen • Vertrag mit mir selbst	• Bedeutung von Netzwerken • Halt und Orientierung	• Diplomatischer werden
Mohn	• Freiraum von Tages-Routinen	• Gelassenheit • Erfahrung • Selbst-Vertrauen	• „Es ist nicht leicht Gewohnheiten abzulegen!"	• Anregungen, Austausch mit Kollegen im vgl.-baren Alter und Berufssituation	• Aufbau, Erweiterung meines Netzwerks
Storch	• Prioritäten setzen: „Sport treiben"	• verlässlich • überzeugend • initiativ	• Konsequent sein • Umgang mit Dilemmata	• Work-Life-Balance • Lernen von anderen	• Coaching-Kompetenz ausbauen

Pilot-Projekt - **Perspektive „50 plus"**

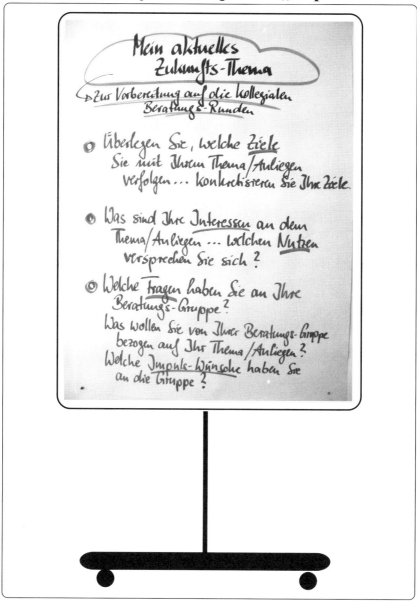

Pilot-Projekt - **Perspektive "50 plus"**

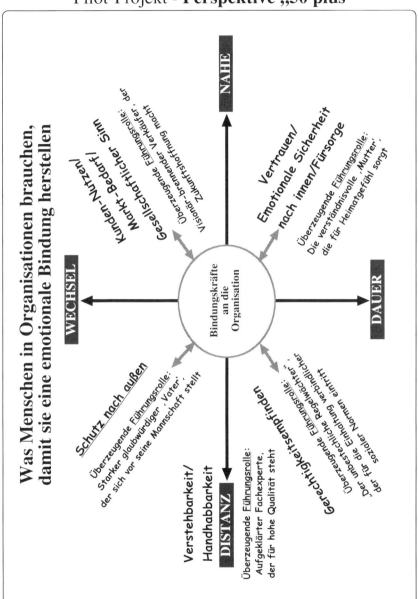

Pilot-Projekt - **Perspektive „50 plus"**

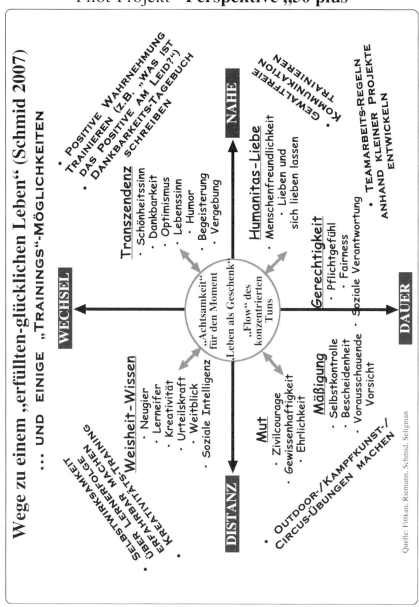

Pilot-Projekt - Perspektive „50 plus"

„Berufliche Veränderung & Entwicklung"
Interview-Leitfaden & Ergebnissicherung

(1) Persönliche Stärken & Motivation   Notizen

- „Was kannst Du besonders gut?""
- „Was kannst Du besser als andere?"
  - fachliche Expertise
  - methodische Expertise
  - sozial-kommunikative Expertise
- „Worin liegt deine Einzigartigkeit?"
- „Was macht Dir Spaß?"
- „Wozu hast Du allein aus Dir heraus Lust?"
- „Was geht Dir leichter von der Hand?"
- „Was macht Dir keine Mühe?"
- „Was sind deine Begabungen und Talente?"

(2) Umfeldbedingungen

a. soziale Umfeldbedingungen
- „Welche Art von Leuten müssen um Dich herum sein, damit Du deine Stärken und Talente ausspielen kannst?"
- „Wie muß das Sozialklima, die Atmosphäre sein?"
- „Wo hast Du deine starken Momente...
  - eher allein (z.B. beim Joggen) ... oder
  - in einer kreativen Teamsitzung ...
  - oder... oder... ?"

b. organisatorische Umfeldbedingungen
- „In welchen Räumen fühlst Du Dich stärker?"
- „Wie sollte das Führungsklima sein?"
- „Wo brauchst Du noch Klarheit über deine Rolle und Aufgabe?"

(3) Realitäts-Passung
- „Gab es so eine Situation schon mal in Deinem jetzigen Unternehmen oder in der Vergangenheit, wo Du Du Deine Stärken sehr gut leben konntest?" – „Wie war das konkret?"
- „Wo tritt Deiner Einschätzung nach so eine Situation am ehesten auf?"

(4) Zukunfts-Ziele
- „Welches Ziel würdest Du gern mit dem Blick nach vorn verfolgen?"
- „Welche Zielvision hast Du für Deine berufliche Zukunft – möglichst wo Du Deine spezifischen Stärkenmuster zur Geltung bringen kannst?"
- „Gibt es auch Phantasien, wo Du gerne „etwas ganz Anderes" machen würdest, wozu Du also auch ganz neue Dinge lernen müsstest?"

(5) Schritte zur Zielerreichung
- „Was kannst und willst Du tun, um dort hinzukommen?"
- „Was kannst und willst Du tun, um von „hier" loszukommen?"
- „Was hindert Dich daran diese Schritte zu tun?"
- „Welche Hilfen und Unterstützungen würden Dir den Weg erleichtern?"

(6) Check-Up
- „Wie wahrscheinlich ist es, daß Du Dich auf den Weg machst?"

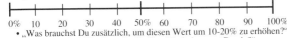

0% 10 20 30 40 50% 60 70 80 90 100%

- „Was brauchst Du zusätzlich, um diesen Wert um 10-20% zu erhöhen?"
- „Welche Soforthilfen brauchst Du?"– „Wo bekommst Du sie?"

Pilot-Projekt - **Perspektive „50 plus"**

Lebens-Fragen   & erste Antworten

- Welche Haltung, Erwartungen und Einstellungen habe ich zu meiner jetzigen Lebensphase?
- Wie bringe ich Mut und Interesse auf, meine momentane Situation neu zu überdenken?
- Welche Muster und Prägungen aus meiner Jugend und ersten Arbeitsjahre waren typisch und wichtig für mich?
- Welchen Stellenwert hat Arbeit für mich?
- Was hat meine Karriere in den letzten 10 –15 Jahren besonders geprägt?
- Wo sehe ich Entwicklungs-Chancen?
- Wie erlebe ich die aktuellen beruflichen Veränderungen?
- Welche anderen Beschäftigungsformen als die bisherigen kann ich mir vorstellen?
- Was bedeutet mir Sicherheit und Stabilität?
- Welches ist für mich der richtige Zeitpunkt, um die Weichen für meine berufliche Zukunft zu stellen?
- Mit wem möchte ich meine Gedanken hinsichtlich einer beruflichen Veränderung austauschen?
- Wo sehe ich meine Talente, die ich in Zukunft noch stärker ins Spiel bringen möchte?
- Welches Lebensthema zieht sich durch meinen beruflichen Werdegang?
- Was hat mir bisher bei wichtigen Entscheidungs- und Zielfindungs-Prozessen geholfen?
- Welche Werte sind mir in meinem Leben wichtig?
- Wie gestalte ich üblicherweise Abschiede?
- Wovor habe ich Angst?
- Wie habe ich bisher Übergangssituationen in meinem Leben erlebt?
- Wo liegen meine Quellen der Inspiration und Kraft?
- Was möchte ich in meinem Leben noch erreichen?
- Wo sehen ich meine Stärken, die ich noch stärker in mein Leben einbringen möchte?
- Wofür stehe ich?
- Wie wichtig sind mir Netzwerke, berufliche Kontakte?
- Auf welche Kontakte möchte ich auch in Zukunft nicht verzichten?
- Welche Erfahrungen und berufliche Qualitäten unterstützen meine Pläne?

- Welche der obigen Fragen war für mich besonders anregend und will ich noch weiter verfolgen?

Quelle: Wieseneder, Geus

Pilot-Projekt - **Perspektive „50 plus"**

Anregungen für Übergänge

1. Erkennen Sie, dass Übergänge nicht nahtlos und möglichst schnell geschehen müssen. Nehmen Sie sich Ihre Zeit!

2. Erkennen Sie, dass zu einem Neubeginn auch der Abschied gehört. Überlegen Sie, wie Sie den Abschied gestalten wollen.

3. Nutzen Sie die Übergangs-Phase zum Abschiednehmen und schreiben Sie Ihre daraus resultierenden Erfahrungen und Lerneffekte in einem Lern- & Wertschätzungs-Tagebuch auf.

4. Betrachten Sie die Übergangs-Phase als Chance, sich selber besser kennen zu lernen.

5. Stehen Sie zu Ihrer Situation und sprechen Sie darüber (z.B. mit Ihrem kollegialen Coaching-Partner).

6. Lassen Sie sich helfen, wenn Sie nicht mehr weiter kommen. Nehmen Sie ggf. Kontakt mit einem professionellen Coach auf.

7. Akzeptieren Sie, dass sich in der Phase des Übergangs Ihre Netzwerke, Ihre Privilegien und Ihr Status ändern.

8 Zeigen Sie Mut, bestehende Gewohnheiten und Sicherheiten hinter sich zu lassen.

9 Beziehen Sie Ihr persönliches Umfeld in den Prozess ein. Sprechen Sie mit Ihrem/Ihrer Lebens-ParnterIn, mit Freunden über Ihre Pläne, Ihre Befürchtungen und Hoffnungen.

10. Reagieren Sie nicht aus Frust und Ärger, sondern agieren Sie aus einer Position innerer Versöhntheit.

Quelle: Wieseneder, Geus

Pilot-Projekt - **Perspektive „50 plus"**

Teilnehmer-Rückmeldungen zum Gesamtprozess & -Verbesserungs-Ideen

• Vorab-Informationen
beibehalten:
- Persönliche Informationen & Ansprachen
- „Themen-Messe" vor der Kantine
- Im VAA-Meeting ansprechen (evtl. mit Kurz-Berichten)
- Auch für Nicht-AT, Nicht-Leitenden-Mitarbeiter

mehr davon:
- Informationen über die Veranstaltung im Intranet, Flyer
- Teilnehmer aus anderen Standorten gewinnen

• Trainings-Workshop (3. Tage)
beibehalten:
- Überraschungs-Gäste
- Offsite
- Unterstützende Reflexionen
- 2er / 3er Spaziergänge
- PEP mit Kollegen
- Vertrauens-Spaziergang führt zu gutem Gruppen-Erlebnis
- Teamarbeiten
- „Anschub", Motivation, Info
- Austausch über erfolgreiche Q3L-Beispiele
- Üben von kollegialen Coaching-Situationen

mehr davon:
- Erfahrungsberichte
- Coaching vorher besprechen und detaillierte Vorbereitung *)
- Kurz-Vorstellung der Teilnehmer: Beruf, Werdegang, Funktion, Tätigkeit
- 4-Augengespräche mit Trainern als fester Bestandteil der Veranstaltung früher ankündigen und ausbauen
- Erfahrungsberichte
- SPOT-Analyse: Mehr Zeit zum Austausch in den Lern-Teams
- Mehr Informationen zu den 4 Persönlichkeits-Strebungen im Hinblick auf berufliche Veränderungen
- Typ-Analyse vom Punkt im Persönlichkeits-Modell → Potential-Position „Passt das?"
- Klare Trennung zwischen Coaching-Training und „Fällen"
- Kurze theoretische Einführung: Coaching <- -> Mentoring
- Modul: Gesundheit & Fitness teilnehmerorientierter gestalten
- Anregungen zu sportlichen Betätigungen verstärken
- Anteile der Spiele-Komponenten (magischer Stab, Stühle kippeln) steigern
- Anteil Work-Life-Balance erhöhen
- Weiterentwickeln der Coaching-Kompetenzen *)

Pilot-Projekt - **Perspektive „50 plus"**

Teilnehmer-Rückmeldungen zum Gesamtprozess & -Verbesserungs-Ideen

• **PEP und kollegiales Coaching (6 Monate)**
beibehalten:
- Kollegiale Coaching-Partnerschaften *)
- Sehr wichtiger Bestandteil
- 6 Monaten vom Trainings-Workshop bis zum Follow Up
- Wichtig! Hilfreich!
- Kollegiales Coaching ist sehr unterstützend zur Bearbeitung der PEP´s *)

mehr davon:
- Kollegiales Coaching über die 6 Monate hinaus organisieren *)

• **Follow Up (1 Tag)**
beibehalten:
- 1 Tag, offsite
- gelungene Abrundung

mehr davon:
- Austausch und Überprüfung der Zukunfts-Ideen

• **weitere Verbesserung-Ideen**
- Offene Follow Up Folgetermine
- In 2012 ... Erfahrungsbericht eines Seminarteilnehmers
- Fortsetzung? Wie?, welche Form? Stammtisch, Alumni ...
- Achtung! Seminar ist nicht „Ruhestandsvorbereitung"
- Verstetigen: Jahresplan 2x p.a.
- Wechsel zulassen zwischen Terminen
- Social Media (Forum / Diskussion))
- Ergänzungen, Zusatzangebote (z.B. Qualifizierung zum (Fach-)Berater, Mentor, Coach) *)

*) Durch diese Teilnehmer-Rückmeldungen sind wir ermuntert worden, ein „altes" mtt-Projekt wieder aufzugreifen und eine Berater-/Coach-Ausbildung speziell für „Q3L"-Mitarbeiter anzubieten, die sich in diesem Zukunftsfeld eine Zusatz-Qualifikation erwerben wollen. Auf den folgenden Seiten erhalten Sie einen ersten Eindruck und finden nähere Informationen auf unserer Webseite: **www.mtt.de**

Diese zukunftsweisende Abschluss-Feedbacks haben wir für unseren 2. Pilot-Workshop als Verbesserungsanregungen genutzt. Für alle noch folgenden Workshops werden wir diese Lern- und Entwicklungsmöglichkeit durch die Feedbacks unserer Teilnehmer für uns und unseren Workshop kontinuierlich weiter nutzen. Wir möchten unseren Teilnehmern danken für diese Möglichkeit, von Ihnen lebenslang zu lernen.

PERSPEKTIVE „50 PLUS"

Ziele — Ablauf & Organisation — more than training

mtt consulting network GmbH

ERFAHRENE FÜHRUNGSKRÄFTE WEITER-ENTWICKELN

- Auf die Herausforderungen der demographischen Entwicklungen reagieren
- Innovations- und Wettbewerbsfähigkeit sichern
- Perspektiven schaffen durch Entwicklungsmöglichkeiten und interessante Aufgaben
- Lebenszyklusorientierte Weiterentwicklung „älterer" Mitarbeiter im Sinne lebenslanger Lernprozesse
- Systematischer Wissens- und Erfahrungs-Transfer
- Wertschätzung der persönlichen und fachlichen Leistung „älterer" Mitarbeiter
- Vorhandene Ressourcen nutzen
- Qualifizierung „erfahrener" Führungskräfte zu Coaches

AUSBILDUNGS-PROGRAMM

Info-Veranstaltung

Theorie
- Sozial-kommunkative Kompetenz
- Methoden-Kompetenz
- Prozess-Kompetenz
- Coaching
- Moderation
- Beratung

Praxis
- Feedback-Beratungs-Entwicklungs-Gespräche
- Probleme/Fälle, Prozesse, reflektieren
- Veränderungen begleiten
- Workshops moderieren

Reflexion & Feedback Optimierung

more than training

mtt consulting network GmbH
Klosterbogen 11 • 82061 Neuried
Tel.: 089-71940234 • Fax.: 089-71940235
www.mtt.de • mail@mtt.de

UNSERE MITARBEITER SIND UNSERE WICHTIGSTE RESSOURCE!

ROLLEN - WECHSEL

FÜHRUNGS-KRAFT • COACH BERATER

ÜBERGÄNGE GESTALTEN
statt „Zwangsruhestand"

„Q3L" — Qualität im 3. Lebenszyklus

Potenzial — Qualifizierung — Herausforderungen

Erfahrene Experten ... ... als Coach - Moderator - Trainer ... ... helfen die Zukunft sichern.

Potenzial — Erfahrene Experten ...

... mit Lebens- und Berufserfahrung.

... mit Kenntnissen betrieblicher Zusammenhänge.

..., die sich mit ihrem Unternehmen und den Aufgaben identifiziert.

..., die zuverlässig und verantwortungsbewußt sind.

..., die Qualitätsbewußtsein und Gelassenheit mitbringen.

... die ihre positive Arbeitseinstellung weiterleben wollen.

... die ihre Fähigkeiten und Situationen realistisch einschätzen.

... die in die Zukunft denken und sich vorbereiten wollen auf zunehmende Veränderungen im beruflichen Umfeld.

... die berufliche Veränderungen durchmachen und initiieren wollen.

... die Freude am Lernen haben.

... die Lust haben beruflich „noch einmal anzutreten".

..., die ihre Lebensziele reflektieren und nächste Umsetzungsschritte planen und konkretisieren wollen.

Qualifizierung — als Coach - Moderator - Trainer ...

Gruppe / Individuum / Lernen / Methoden

- Einzel-/Team-/Projekt-Coaching
- Problemlösung in Gruppen
- Prozess-Begleitung
- Feedback und Beratung
- Wissens-Vermittlung

Herausforderungen — helfen die Zukunft sichern.

Wie können wir den Wissensaustausch zwischen erfahrenen und jungen Mitarbeitern sichern?

Wie können wir zukünftig Übergänge (Einstand/ Ruhestand) besserer gestalten und begleiten?

Wie können wir die Nachfolgebesetzung wichtiger Positionen gestalten?

Wie können sich insbesondere „ältere" Mitarbeiter weiterbilden?

Wie können wir den Wissenstransfer der Mitarbeitern untereinander organisieren?

Wie können wir sicher stellen, dass wertvolles Know-How im Unternehmen verbleibt?

Wie können wir ein ausgewogenes Verhältnis zwischen älteren und jüngeren Mitarbeitern erreichen?

Wie können wir zukünftig Fach- und Führungspersonal finden und binden?

Pilot-Projekt - Perspektive „50 plus"

Pilot-Projekt - **Perspektive „50 plus"**

Schlussbemerkung

„Es gibt nichts Gutes, außer man tut es!"

Eine Erkenntnis aus der Innovationsforschung lässt sich auf die meisten Lebensbereiche übertragen, auch auf unsere persönlichen Entwicklungsmöglichkeiten:

„Wir haben kein Wissensproblem -
wir haben ein Umsetzungsproblem!"

Deshalb:
„Viel Spaß bei der Realisierung Ihrer Entwicklungschancen!"

more than training

Bernd Fittkau/Matthias Weber
„Kundenorientierte Teamentwicklung"

In diesem mtt-Werkstattbericht liegt der Fokus auf zwei aufeinanderfolgenden Workshops, die zwei Hauptziele verfolgten:
- Stärkung der Kundenorientierung
- Teamentwicklung einer Vertriebsmannschaft

„*Kundenorientierte Teamentwicklung*" der Reihe *mtt-Werkstattberichte* ist für Praktiker geschrieben, die in einer Organisation Veränderungsprozesse systematisch gestalten und unterstützen wollen: Inhaber, Geschäftsführer, Manager, Personal- und Organisations-Entwickler, Trainer und Berater.

Die Autoren wollen Führungskräfte darin unterstützen, sich u.a. als *Human Performance Manager* ihres Verantwortungsbereichs zu verstehen und entsprechend zu handeln. Leistungssteigerung im Sinne von *Human Performance Improvement* wird möglich durch Weiterentwicklung auf vier Ebenen:

- Kundenebene
- Mitarbeiterebene
- Struktur- und Prozessebene
- Strategie- und Führungsebene

Hierbei sind Workshops ein Schlüsselwerkzeug für den Prozess der Veränderung in der Organisation.

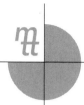 *more than training*

Thomas Schneider/Matthias Weber
„Das Mitarbeitergespräch – Einführung eines Führungsinstruments in einem mittelständischen Unternehmen"

In diesem mtt-Werkstattbericht liegt der Fokus auf Konzeption, Einführung und Evaluation eines Führungsinstruments. Beim Auftraggeber handelt es sich um eine familiengeführte Unternehmensgruppe mit ca. 980 Mitarbeitern in einer strukturschwachen Region Deutschlands. Die Unternehmensgruppe verteilt sich auf vier Standorte. Im Rahmen eines Human-Performance-Improvement-Programms sollte das standardisierte Mitarbeitergespräch eingeführt werden als erster Schritt hin zu einem MbO-geführten Unternehmen.

„Das Mitarbeitergespräch - Einführung eines Führungsinstruments in einem mittelständischen Unternehmen" der Reihe mtt-Werkstattberichte ist für Praktiker geschrieben, die in einer Organisation Veränderungsprozesse systematisch gestalten und unterstützen wollen: Inhaber, Geschäftsführer, Manager, Personal- und Organisations-Entwickler, Trainer und Berater.

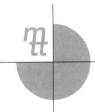

more than training

Bernd Fittkau/Thomas Geus/
Matthias Weber

„Die weichen Faktoren der Führung – Teil I: Vertrauen und Kommunikation"

In diesem *mtt-Werkstattbericht* liegt der Fokus auf der Entwicklung von Führungskräften. Dabei geht es um die Frage: Wie können die „weichen Faktoren der Führung" – Vertrauen, Kommunikation, Team-Entwicklung, Eigen-Entwicklung, Prozessorientierung, erfahrungsbasiertes Lernen on-the-job u.ä. – wirksam und überzeugend vermittelt werden.

„Die weichen Faktoren der Führung - Teil I: Vertrauen und Kommunikation" der Reihe *mtt-Werkstattberichte* wurde für Praktiker geschrieben.
Darin drückt sich unsere Überzeugung aus: Wir haben kein Wissensproblem — wir haben ein Umsetzungsproblem. Wir wollen Personen, die Veränderungsprozesse in Organisationen verantwortlich gestalten — Geschäftsführer, Manager, Personal- und Organisations-Entwickler, Trainer und Berater in ihren wichtigen Aufgaben unterstützen.

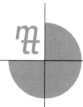

more than training

Bernd Fittkau/Thomas Geus/
Matthias Weber
**„Die weichen Faktoren der Führung —
Teil II: Team-Entwicklung und Eigen-Entwicklung**

In diesem *mtt-Werkstattbericht* liegt der Fokus auf der Entwicklung von Führungskräften. Dabei geht es um die Frage: Wie können die „weichen Faktoren der Führung" – Vertrauen, Kommunikation, Teamentwicklung, Eigenentwicklung, Prozessorientierung, erfahrungsbasiertes Lernen on-the-job u.ä. – wirksam und überzeugend vermittelt werden.

„*Die weichen Faktoren der Führung — Teil II: Team-Entwicklung und Eigen-Entwicklung*" wurde für Praktiker geschrieben.

Darin drückt sich unsere Überzeugung aus: Wir haben kein Wissensproblem — wir haben ein Umsetzungsproblem. Wir wollen Personen, die Veränderungsprozesse in Organisationen verantwortlich gestalten — Geschäftsführer, Manager, Personal- und Organisations-Entwickler, Trainer und Berater – in ihren wichtigen Aufgaben unterstützen.

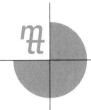

more than training

Thomas Geus/ Matthias Weber
„**Coaching am Arbeitsplatz – Filialteams erzielen bessere Ergebnisse**"
Dieser mtt-Werkstattbericht richtet sich an Führungs-Praktiker mit Verantwortung für Mitarbeiter im Verkauf. Es wird ein Organisations- und Personal-Entwicklungsprojekt beschrieben, in dem Führungskräfte beraten und trainiert werden, ihren Mitarbeitern in Kundengesprächen am Arbeitsplatz Feedback zu geben, sie in Problemlösungsprozessen zu unterstützen und sie bei ihren Entwicklungen zu coachen – mit dem Ziel die Marge zu steigern.
Die Führungskräfte in diesem Projekt sind Filialleiter eines Großhandelsunternehmens, die Mitarbeiter sind Verkaufsberater am Telefon – mit direktem Kundenkontakt.

„*Coaching am Arbeitsplatz – Filialteams erzielen bessere Ergebnisse*" der Reihe *mtt-Werkstattberichte* wurde für Praktiker geschrieben. Das Konzept orientiert sich dabei vorrangig an folgenden Überzeugungen:
- Alle wesentlichen Ressourcen, die zur erfolgreichen Erfüllung der Aufgaben und zur Erreichung der Ziele erforderlich sind, sind in den Menschen einer Organisation vorhanden.
- Mitarbeiterentwicklung ist eine Führungsaufgabe.
- Menschen lernen und entwickeln sich gerne, wenn sie es praxisnah und weit gehend selbstbestimmt tun können und wenn sie für ihre Erfolge anerkannt werden.
- Mitarbeiterzufriedenheit führt zu Kundenzufriedenheit – und Kundenzufriedenheit führt zum Unternehmenserfolg.

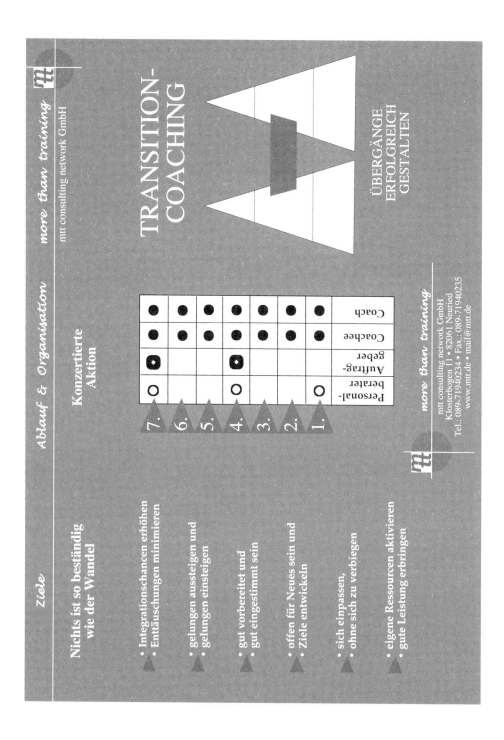

	Ausstieg		Übergang		Einstieg		
	Man trifft sich zweimal im Leben		Die Qualität der Integration bestimmt die Qualität der Identifikation			Für den ersten Eindruck gibt es keine zweite Chance	
1.	2.	3.	4.	5.	6.	7.	
unmittelbar nach Vertrags-abschluss	unmittelbar am Beginn der „Zwischenzeit"	unmittelbar vor dem Ende der „Zwischenzeit"	zu Beginn der ersten 100 Tage	während der ersten 100 Tage	zum Ende der ersten 100 Tage	kurz vor dem Ende des 5. Monats (Probezeit)	
Den Ausstieg gestalten	*Die „Zwischen"-zeit gestalten*	*Die „Zwischen"-zeit reflektieren*	*Den Einstieg reflektieren*	*Offenheit und Feedback*	*Feedbacks auswerten*	*Entscheidung absichern*	
Die Vergangenheit würdigen	*Auf die neue Aufgabe vorbereiten*	*Die bevorstehende Situation analysieren*	*besondere Situationen thematisieren*	*Netzwerk-/Beziehungs-Aufbau*	*Zwischenbilanz ziehen*	*Übernahme-gespräch vorbereiten*	
verabschieden und loslassen	*Die „ersten 100 Tage" planen (Integrationsplan)*	*Ziele, Erwartungen, klären*	*Den Integrationsplan modifizieren*	*Eindrücke thematisieren, reflektieren*	*Entwicklungs-projekte definieren*	*Ziele klären, Veränderungen definieren*	
1/2 Tag	1 Tag	1 Tag	1 Tag	1/2 Tag	1/2 Tag	1/2 Tag	

more than training

mtt consulting network GmbH

FliP
Führung lernen in Projekten

Führungskräftenachwuchs-Programm

Programm-Vorteile

- *Das Programm-Budget wird durch den Erfolg der Projekte re-finanziert!*
- *Der FK-Nachwuchs realisiert ausgewählte Projekte, die dem Unternehmen Geld bringen bzw. Kosten sparen!*
- *Führung wird durch die Bearbeitung realer, wichtiger Projekte er-lernt!*
- *Kein Lernen auf Vorrat! Das Gelernte wird nutzbringend, schnell und dauerhaft in den Arbeitsalltag eingebunden!*
- *Unmittelbarer Lern-Transfer durch Realitäts- und Praxisnähe!*

more than training

mtt consulting network GmbH
Klosterbogen 11 • 82061 Neuried
Tel.: 089-71940234 • Fax.: 089-71940235
www.mtt.de • mail@mtt.de

Ziele

- *In die Zukunft des Unternehmens investieren*
- *In Zeiten der Veränderung Orientierung geben*
- *Führungsnachwuchs für die Unternehmensziele begeistern*
- *Die Qualität der Führung und Zusammenarbeit verbessern*
- *Führungsnachwuchs auf Führungsaufgaben vorbereiten*
- *Führungsnachwuchs an das Unternehmen binden*

Module	Programm-Elemente	Inhalte
Vertrauen & Motivation		Standortbestimmung, Offenheit, Vertrauen, Feedback, Motiviation, Stärken & Schwächen, Lern-Projekte
Durchführung von Projekten		Auftrags,- Zielklärung, Vorfeld-Analyse, Projektphasen, Planung, Projektteams, Projektsponsoren
Selbst-Management		Zeit- und Prioritäten-Mgmt, Arbeits-Techniken, Stress, Durchsetzungsfähigkeit, Ressourcenaktivierung
Kommunikation & Gesprächsführung		Kom-Modelle, Kom-Techniken, MA-Gespräche, Lob und Anerkennung, Gesprächs-Prozess, -Steuerung
Moderation		Methoden, Medien, Visualisierung, Rolle, Materialien, Prozess-Reflexion, Verhalten, Meeting-Moderation
Führung		Modelle, Theorien, Stile, Grundsätze, Selbstverständnis, Delegation, Kontrolle, Situative Führung
Führung von Gruppen		Formen v. Gruppen, TE-Phasen, Fü-Herausforderungen, Team-Rollen Chancen, Risiken, Konfliktregelung
Präsentation		Medien, Visualisierung, Präsentations-Design, Persönliche Wirkung, Kurz-Präsentationen

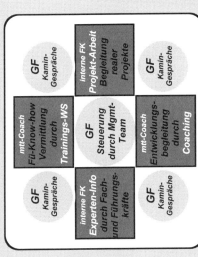

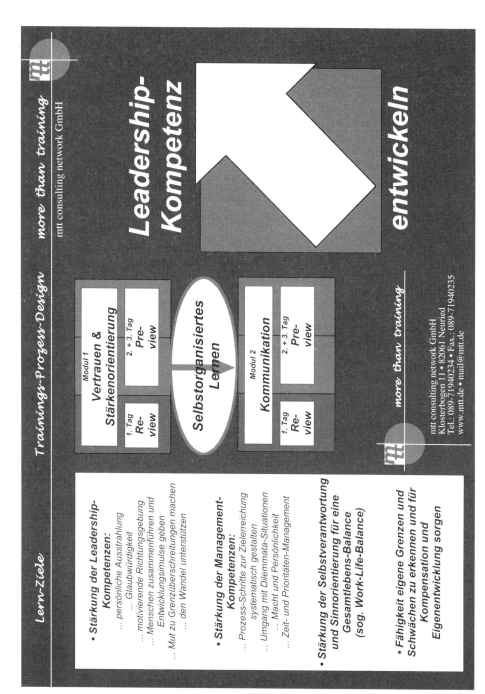

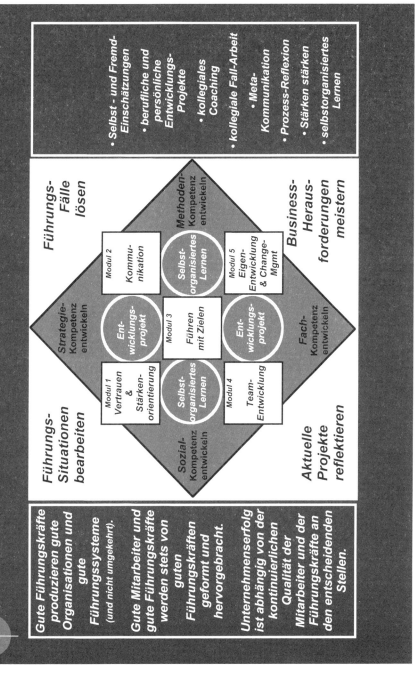

more than training

mtt consulting network GmbH

Talente für den Mittelstand

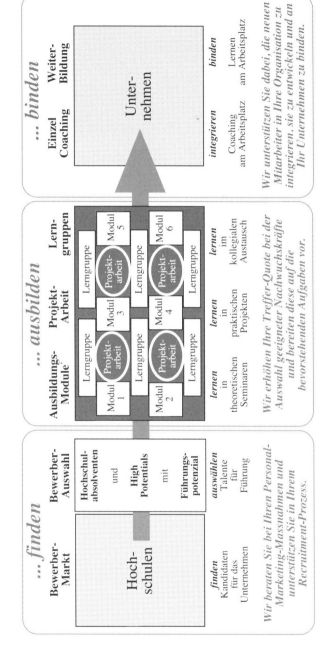